다시 한번 날게 하소서

이어령의 서원시

BM (주)도서출판 **성안당**

서문

날게 하소서

●

벼랑 끝에서 새해를 맞습니다.
우리에게 날 수 있는 날개를 주소서.
어떻게 여기까지 온 사람들입니까.
험난한 기아의 고개에서도
부모의 손을 뿌리친 적 없고,
아무리 무서운 전란의 들판이라도
등에 업은 자식을 내려놓은 적 없었습니다.
남들이 앉아 있을 때 걷고
그들이 걸으면 우리는 뛰었습니다.
숨 가쁘게 달려와 이제 꿀과 젖이 흐르는 땅이 눈앞인데

서문

이 낭떠러지에서 그대로 떨어지라 하십니까.
벼랑이 벼랑인 줄도 모르는 사람들입니다.
어쩌다가 '북한이 핵을 만들어도 놀라지 않고
수출을 3000억 달러 해도
웃지 않는 사람들'이 되고 말았습니까.
거짓 선지자들을 믿은 죄입니까.
남의 눈치 보다 길을 잘못 든 탓입니까.
정치의 기둥이 조금만 더 쏠려도,
시장경제의 지붕에 구멍 하나 더 나도,
법과 안보의 울타리보다 철없는 자의 키가
한 치만 더 높아져도
그때는 천인단애千仞斷崖의 헛발을 내딛는 추락입니다.
덕담이 아니라 날개를 주십시오.
비상非常에는 비상飛翔을 해야 합니다.
독기 서린 정치인들에게는 비둘기의 날개를 주시고,
살기 지친 서민들에게는 독수리의 날개를 주십시오.
주눅 든 기업인들에게는 갈매기의 비행을 가르쳐주시고
진흙 바닥에 처박힌 지식인들에게는 구름보다 높이 나는

날게 하소서

종달새의 날개를 보여주소서.
날게 하소서.
뒤처진 자에게는 제비의 날개를,
설빔을 마련하지 못한 사람에게는 공작의 날개를,
홀로 사는 노인에게는 천년학의 날개를 주소서.
그리고 남남처럼 되어가는 가족에게는
원앙새의 깃털을 내려주소서.
우리 어린것들이 다니는 학교 마당에도
황혼이 지고 있습니다.
더 어둡기 전에 미네르바의 부엉이처럼
날개를 펴게 하시고
갈등과 무질서로 더 이상 이 사회가 찢기기 전에
기러기처럼 나는 법을 가르쳐주소서.
소리를 내어 서로 격려하고
선두 자리를 바꾸어가며 대열을 이끌어간다는
저 신비하고 오묘한 기러기처럼
우리 모두를 날게 하소서.
아닙니다. 아주 작은 날개라도 좋습니다.

서문

"날자. 날자. 한 번만 더 날아보자꾸나."
지금 외치는 이들의 소원을 들어주소서,
은빛 날개를 펴고 새해의 눈부신 하늘로 날아오르는
경쾌한 비상의 시작!
벼랑 끝에서 날게 하소서.

날게 하소서

●

새해 아침이 되면 경사스러운 날인데도 한 해도 거르지 않고 다복스러운 일이 일어난다. 이 작은 소란이 나에게 신년의 축하가 되는 것인지 또는 소란거리의 악운이 되는 것인지 지금도 나는 판단이 서질 않는다.

내가 무엇을 이야기하려고 하는지 궁금하다면 2016년 3월 21일 『주간조선』 기사를 보라. 가감 없이 그대로 그때의 대화 내용을 소개해보겠다.

서문

●

네 번째 연재를 위해서 이어령 교수를 만난 지난 3월 11일, 서울 평창동에 있는 한중일비교문화연구소는 소란스러웠다. 한 일간지의 기자 세 명이 인터뷰 중이었고, 안쪽 연구실에는 또 다른 팀이 대기 중이었다. 전화벨도 수시로 울렸다. 그동안의 연구실과는 사뭇 다른 분위기다. 다 알파고 때문이었다. 나는 약속 시간보다 한 시간 늦게 지나서야 그와 마주 앉을 수 있었다.

"어이쿠, 미안합니다. 바둑도 두지 못하는 나한테까지 알파고 녀석의 불똥이 튈 줄이야." 그리고 혼잣말처럼 한마디 덧붙였다. "우리가 떠들어야 할 건 인공지능AI이 아니라 바로 인간 지능HI이구먼!" 중국 톈안먼 광장에서 한 사람이 하늘을 올려다보고 있으면 삽시간에 사람들이 몰려들어 영문도 모르고 하늘을 쳐다본다. 중국 사람들이 자신들의 군중심리를 비판할 때 곧잘 사용하는 말이다. 중국인만 그럴까.

이날은 이세돌이 알파고와의 대결에서 두 번 연달아 패한 날이었다. 매스컴은 앞다퉈 '인공지능의 공포' '인공지능의 습격'을 다뤘다. 인터넷에는 '포비아'라는 연관 검색어가 상위권에 랭크됐다. 기자의 본성으로 그냥 넘어갈 수 없었다. 본래 목적을 잃고 그에게 첫 질문을 던졌다. "인공지능이 인간지능을 넘어서서 인류를 위협하는 날이 정말 올까요?" 이 교수는 즉답을 피하고 농담을 했다.

"이런 이야기가 있어. 어른들이 하도 야단들이니까 바둑의 '바' 자도 모르는 유치원생이 물었어. '엄마, 인공지능이 뭐야? 이세돌 아저씨가 바둑 두다 지면 우린 이제 다 죽는 거야?' 하고. 엄마가 뭐라고 답했는지 알아? 아마 이렇게 말하겠지. '별거 아니야. 너 밤낮 하는 게임 있잖아. 일본 닌텐도 게임. 알파고의 '고'도 바둑이라는 일본 말이래. 게임기의 마리오가 졌다고 네가 진짜로 죽니? 걱정할 것 없어. 공부 열심히 해서 네가 알파고를 이기면 돼. 아니, 네가 만들어. 걔들이 만든 걸 너는 왜 못 만들어. 알파고는 바둑밖에 둘 줄 모르지만 넌 노래하는 알파고, 춤추는 알파고, 세상에서 제일 일 잘하는 알파고를 만들면 되는 거란다' 하고."

서문

이어령이 내놓는 '알파고를 묻는 유치원생을 위한 답변 매뉴얼'인 셈이다. 정확한 지식 없이 군중심리에 휩쓸려 '알파고 위기설'을 퍼다나르는 네티즌과 매스컴을 향한 비판이기도 하다.

날개 하소서

홀로그램으로 시연한 '죽은 나무 꽃 피우기'

이어령은 자신을 정보기술IT의 문외한이라고 하지만 그의 이력서에는 IT와 관련된 것들이 많다. 2010년 유네스코 세계문화예술교육대회 조직위원장을 역임했을 당시 그는 홀로그램 기술을 이용해 개회식장에서 '죽은 나무 꽃 피우기'라는 공연을 선보였다. 홀로그램을 이용해 김덕수 외 네 명이 북 치고 장구 치는 사물놀이를 하는 것처럼 보이게 한 공연이었다. 특히 마지막 장면이 압권이었다. 사물놀이 패의 신명 나는 장단에 맞춰 꽃이 만발하면서 관객석으로 꽃잎이 떨어지는 환상적인 장면은 큰 화제가 됐다. 한 저명한 참석자는 기고문을 통해서 마지막 장면에서 눈물을 흘렸다고 털어놨다.
3000명의 참가자가 모인 개회식장의 내부 디자인도 그의 아이디어로 꾸며졌다. 색깔과 문자가 각기 다른 수백 개의 티셔츠를 모아 천장에 빨래처럼 널어놓은 것이다. 그 사이에는 우는 아이, 웃는 아이, 응시하는 아이 등 인종이 각기 다른 아이들의

서문

대형 얼굴을 걸어놓았다. 티셔츠에는 세계 각국 언어로 꿈, 정의, 평화, 열정, 사랑 같은 문자를 적었다. 티셔츠는 회의가 끝난 후 참가자들에게 다 팔렸고, 그 수익금 전액은 지진으로 집과 가족을 잃은 중앙아메리카의 아이티 아이들에게 전달됐다. 그 색다른 연출을 해낸 발상이 궁금했다. 그 원천을 캐묻자 그는 동문서답을 했다. "사실은 말이야, 티셔츠보다 다른 걸 하고 싶었어." 그가 꺼낸 이야기는 전혀 다른 아이디어였다. 빛을 보지 못한 '천의 빛깔로 빛나는 물고기 그물'에 대한 이야기다.

"바닷가에 버려진 낡은 그물 있잖아. 그 그물을 가져다가 은빛으로 칠하고 거기에 천 마리 물고기 모형을 만들어 널어놓고 싶었어요. 제각각 다른 색으로 칠해진 물고기들 말이야. 상상의 바다에서 건져낸 그 천 가지 색깔의 물고기들이 그물에 걸려 번쩍인다고 생각해봐요. 그건 아름다운 반란이야. 인류의 편견, 고정관념, 획일적 문명을 고발하는 천 가지 색의 반란. 다양성의 가치를 생물의 '종의 다양성'에 담아 설치예술로 전하는 것이 내 꿈이었어. 그게 안 돼서 티셔츠의 색깔로 대신한 거지."

왜 현실화되지 못했냐는 질문에 "그걸 알아봐주는 백락伯樂(중국 주나라 사람으로 천리마를 기막히게 감별해냈다)이 없었지"라고 아쉬운 듯 내뱉었다. 획일성에 갇힌 교실에서 아이들을 구출해내는 이 아이디어는 지금도 유효하다. 그는 지금이라도 천 가지 색의 물고기 그물을 초등학교 복도에 걸어놓자고 제안한다.

"아이들이 바다를 연상케 하는 천 가지 색깔의 물고기 떼를 보면서 자란다고 생각해봐요. 천 개의 빛이 만들어내는 그 다양한 세계. 노란색도 수십 가지고 빨간색도 수십 가지잖아. 먼셀Albert Munsell(미국의 색채 연구가)의 4653가지 색채를 보면서 자란 아이들이 디자인을 하면 애플을 이길 수 있어요. 다색다양多色多樣에서 창조적 상상력이 나온다는 거지. 그런데 우리는 어때요? 일색一色이라는 표현이 익숙하잖아. 정치, 경제, 사회 다 한 가지 색이 지배하는 일색. 나는 그게 질색이야. 한국의 획일적 사회와 문화를 깨뜨리지 않으면 우리의 미래는 없어요."

그는 초등학교 시절 색채에 관심을 갖게 된 동기를 들려주었다. 미술 시간에 아이들은 똑같은 크레용을 사용한다. 일제 강점기의 오사마 크레용. 그런데 하나같이 크레용 상자의 빨간색, 파란색, 노란색 같은 삼원색은 많이 써서 키가 작고 회색이나 흰색, 보라색 같은 색은 그대로다. 그는 쓰지 않는 색깔을 불쌍하게 여겼다. '남들이 쓰지 않고 버린 크레용만으로 그림을 그리면 어떤 세상이 될까?' 궁금했다.

이 질문은 내내 물음표 상태로 남아 있었다. 그러다 미술가인 그의 큰형의 대답에서 느낌표를 찾았다. 형은 이렇게 말했다. "사군자를 배우는 아이가 대나무를 그리는데 먹을 갈기 귀찮아서 옆에 있는 빨강 물감으로 그렸지. 그걸 보고 선생님이 호통치셨어. '야, 이 녀석아 빨간 대나무가 어디 있어?' 하고. 그랬더니 학생이 '그럼 검은 대나무는 어디 있습니까?' 하고 묻더래. 현실의 색깔하고 상상의 색깔은 다른 거지. 네 마음대로 상상한 색을 그리면 되는 거야."

이는 이어령의 창조 이력서에서 중요한 사건이 된다. 그는 "큰형님의 이 말을 듣고 색에 대한 고정관념이 깨졌다"고 말했다. 그의 큰형은 김기창 화백, 김은호 화백과 수업한 동문으로 오랫동안 미술 선생을 했다. 그는 나중에 톨스토이의 유년 시절 이야기를 책으로 읽다가 형님의 말과 비슷한 맥락을 발견했다. 빨강색 연필로 토끼를 그린 톨스토이의 그림을 보고 어른들이 놀랐다. "애야, 세상에 빨간 토끼가 어디 있니?" 그러자 톨스토이는 이렇게 답했다. "세상에는 없지만 그림 속에는 있어요." 세상에는 없지만 그림 속에는 존재하는 것. 그것이 이어령이 발견한 문학예술의 창조적 세계다.

서문

무지개는 일곱 색깔이 아니다

이어령은 "고정관념은 상상력의 적"이라고 경고한다. 우리가 가진 색과 관련된 가장 큰 고정관념은 바로 일곱 색깔 무지개다. "학교에서는 무지개가 빨주노초파남보 일곱 색깔이라고 하잖아? 어느 날 무지개가 떠서 세봤지. 그런데 내 눈에는 일곱 가지로 보이지 않아. 색과 색 사이의 어렴풋한 곳에 수천 수만 개의 색들이 보였지. 무지개색은 셀 수 없는 불가산不可算 명사야."

실제로 무지개가 몇 색인지에 대한 논쟁의 역사는 길다. 그리스의 철학자 크세노폰Xenophon은 3색, 아리스토텔레스Aristoteles는 4색, 로마의 철학자 세네카Lucius Annaeus Seneca는 5색이라고 보았으며, 한동안 서양 문화권에서는 대체로 6색으로 여겼다. 그후 무지개를 일곱 가지 색으로 규정한 사람은 영국의 과학자 뉴턴Isaac Newton이다. 지금도 무지개를 몇 가지 색으로 규정하는지에 대한 다양한 견해가 있다. 패티김의 노래에는 오색 무지개가 나오고, 미국에서는 남색을 뺀 여섯 색으로 인식한다. 아프리카의 부족 중 '판츠족'에게는 빨강색이라는 이름이 없고, '쇼나족'은 황색과 청색 두 가지 또는 세 가지 색밖에 없다. 그런데 물리학을 토대로 한 학교 교육에서는 무지개가 일곱 색이라고 가르친다.

학교. 학교는 배움을 주는 기본 공간이지만 학교의 가르침이 편견과 고정관념을 강화시키기도 한다. 이어령은 이에 대해 "학교는 생사람 잡는 곳"이라는 말을 여러 번 했다. 사람은 원래 백지 상태의 '생것'인데 학교가 이 순연한 존재를 틀에 가두고 상상력의 날개를 꺾어버린다는 것이다.

"어찌 보면 가르치지 않고 방치하는 게 창조성을 죽이지 않는 방법일 수 있어요. 생사람은 생각의 야성이 살아 있는 사람이거든. 생사람. 참 좋은 말이잖아. 견고한 틀과 사고로 무장한 사회와 조직은 생사람을 잡아요."

그는 씨익 웃더니 "나는 학교를 제대로 다니지 않아서 고정관념이나 틀이 생기지 않았어요"라며 "어떻게 보면 너무 고맙지"라고 말했다. 그는 자신의 학창 시절 나이에 대해 '잃어버린 세대'라는 표현을 썼다. 2차 세계대전과 6·25전쟁 등

서문

현대사의 굴곡진 역사 한가운데를 겪어내야 했던 세대의 슬픔을 녹여낸 말이다. 그는 이 비극적 세대의 운명에서 긍정성을 읽었다.

"내가 초등학교 3학년 때 2차 세계대전이 터졌어요. 광복될 때까지는 총검술을 배우고 방공호를 팠지. 학교를 거의 안 다녔어요. 일제 강점기 때 꼬박꼬박 학교를 다녔다면 내 머리는 『천자문』 배운 사람처럼 견고해졌을지도 몰라요. 대신 그 시간에 하늘 보고 바람 맞고 꽃을 보고 날아가는 새를 보면서 계속 책을 읽었지. 이게 오늘날의 나를 만들어준 거예요. 중학교에 들어갔더니 좌우익 싸움한다고 동맹휴학이래. 겨우 학교가 정상화되니까 또 6·25전쟁이 터지고. 피란 다니다가 대학생이 됐는데 돈이 있어야지. 서울대 문리대 학예부장 하면서 문경의 어느 고등학교에 가서 수학도 가르치고 영어도 가르쳤어요. 그러다 보니 대학 시절에도 공부할 시간이 없었지. 그땐 제대로 된 교재도 없었고. 내 최종학력에는 대학원으로 돼 있지만 실제로는 학교에서 배운 게 별로 없어요. 역설적이게도 그게 참 다행이야."

그는 국내에서 열리는 국제 학술회의의 주제 발표자로 참여

하는 일이 많다. 빅데이터나 이번 AI 문제 같은 정보학회를 비롯하여 서울 시에 모인 도시건축 전문가들 앞에서도 학술 강연을 한다. 복제양 돌리를 세계 최초로 만든 이언 윌머트Ian Wilmut와 함께 생명 복제에 대한 주제발표를 한 적도 있다. 세계출판인협회 총회가 서울에서 열렸을 때는 한국 대표로 노벨상 수상자 오르한 파묵Orhan Pamuk과 연사로 출연했다.
2010년 서울에서 열린 세계디자인도시서미트WDC 당시의 일이다. 서울 시 주최로 열린 이 행사에는 17개 국 31개 주요 도시의 시장단과 도시건축 전문가들이 한자리에 모였는데, 당시 한국 측 주제 발표자는 건축가가 아닌 이어령이었다. 이어령은 이 자리에서 '건축 없는 건축'에 대한 연설을 했다. 한국의 풍수지리설이나 배산임수背山臨水의 터가 바로 건축이라는 요지였다. 그때 오세훈 시장을 비롯해 많은 전문가가 놀라운 장면을 목격했다. 참가자 중 한 외국인 건축가가 이어령에게 질문 대신 큰절을 했다. "당신의 이야기에 큰 감동을 받았습니다. 건축 없는 건축에 대한 건축론을 속으로만 생각해왔는데, 이제 자신 있게 내 건축 이론을 주장할 수 있게 됐습니다."
한 가지 분야의 전문가가 되기도 어려울 터, 각기 다른 분야에

서문

서 세계적 석학과 어깨를 나란히 하는 비결이 뭘까. 그는 간단히 한마디했다. "나는 내 머리로 생각한 것을 이야기하거든. 그러니 전문가들이 못 하는 영역을 커버할 수 있는 거지." 외국 이론을 배워 소개하는 것이 아니라 나만의 아이디어를 끌어내는 것이야말로 이 시대에 꼭 필요한 발상이라는 거다. 그는 "옳든 그르든 '온리 원only one'의 사고를 하라"고 강조했다.

날게 하소서

알파고와 한국적 획일주의

그는 인터뷰 말미에 알파고와 AI에 대처하는 우리의 자세에 대해 꽤 길게 덧붙였다. 그는 이세돌과 알파고의 대국 이전부터 딥마인드를 만든 3인방에 대한 정보를 소상히 알고 있었다. 「네이처」와 「와이어드」를 수시로 보기 때문이다. 최근 이어령은 몇 개의 일간지 1면에 등장했다. 알파고와 AI의 미래에 대한 기사에서다. 그는 알파고에 대해 그렇게 많이 쏟아내고도 그새 새로운 생각이 피어난 듯했다.

"알파고가 이세돌을 이긴 것과 인간을 위협하는 AI가 출현하는 기술적 특이성 singularity이 도래하는 것은 별개예요. 이미 우리는 알파고보다 훨씬 놀라운 AI를 이용하고 있거든. 그로 인한 실패로 리먼 쇼크 같은 엄청난 경제위기를 이미 겪었고, 금융 공학이라는 AI가 인간의 경제계를 미궁의 공황 속에 몰아넣었잖아. 다만 딥마인드의 3인방이 개발한 알파고의 지능은 종래의 게임 소프트가 아니라 범용 인공지능AGI에 사용

서문

될 수 있다는 점이 다르지. 딥마인드의 세 개발자는 신경계, 복잡계 등 BT, NT, IT를 전공한 박사들이라는 점을 눈여겨볼 필요가 있어요. 인공지능에 인공 생명이 결합되면 그야말로 엄청난 사건이 발생할 수 있거든. 낙원인지 지옥인지 모를 새로운 미래가 펼쳐지는 거예요."

그는 한숨을 내쉬더니 "이런 사실들은 인터넷 검색을 단 10분만 해도 짐작할 수 있는 일들이에요"라고 말했다. 각자의 머리로 지식을 습득하고 생각했더라면 알파고에 대한 획일적 여론이 한국 땅을 뒤덮는 일은 없었을 거라는 얘기였다. "져도 반가운 것이 있고 이겨도 슬픈 것이 있어요. 이번 일은 전자지. 승부에만 관심을 팔면 안 돼요. AI 후발국에서 혼신을 다해 개발해도 시원찮은 판에 AI 위기설이라니."

그는 다시 무지개 얘기로 돌아왔다. "이게 다 한국적 획일주의 때문이에요. 실제 무지개를 세보지도 않고 앵무새처럼 일곱 가지 무지개라고 외우게 하는 사회에서 무슨 다양성이 나오겠어요? 이 아이들에게 천 색 만 색千色萬色으로 물들인 고기 떼가 상상의 그물 속에서 퍼덕이는 광경을 보여줘봐. 상상력의 토양이 달라지지 않겠어요? 다양성이야말로 창조력의 토양이에요."

이어령의 창조 이력서는 미완이다. 83세 이후 창조 이력서의 빈 여백에 그는 '천의 색깔로 빛나는 물고기 그물'을 넣고 싶다고 했다. 신통神通하다고 생각한 인간의 기술이 비통悲痛으로 바뀌지 않게 하려면 한국인의 슬기가 필요하다고 덧붙이면서.

2016년 3월 21일 『주간조선』 '이어령의 창조 이력서'

김민희 기자

서문

●

옛날부터 사람들은 날고 싶어 했다. 우리의 속담 중에 "뛰는 놈 위에 나는 놈 있다"는 걸쭉한 막문화 속담이 있다. 두 다리로 아무리 뛰어봐도 그것으로는 해결 안 되는, 누구나, 개인이나 사회나 국가나 겪고 있는 문제다. 나는 벼랑 끝에 새해를 맞는다고 했다. 왜냐하면 그동안 우리는, 그 시에 쓴 것처럼 우리 한국인들은 험난한 기아의 고개에서도 부모의 손을 뿌리친 적 없고, 아무리 무서운 겨울날의 들판이라도 등에 업은 자식을 내려놓은 적이 없었다.

개인이나 국가나 도저히 걷는 것으로 해결 안 될 때 그때 마음속으로 기도하는 하나의 소원이 있을 것이다. 나에게 날개를 달라는 기도다. 그래서 나는 실제로 해마다 그렇게 기도를 드렸다. 그게 바로 이 시를 낳게 한 동기요, 기도였던 것이다. 우리말에는 발음은 같은데 뜻이 정반대인 아이로니컬한 말들이 많다. 그중 하나기 슬픔의 비상悲傷과 하늘을 나는 비상

飛上의 소리가 같다는 것이다. 비상의 절망 앞에 하늘을 날아오르는 희망이 있다. 하지만 그 꿈은 같아도 사람마다 얼굴이 다르듯, 날개의 소망도 각기 다를 것이다.

해마다 해가 바뀌어도 양 진영으로 갈라져 싸움박질을 하는 정치인들에게는 평화의 상징 비둘기의 날개를 주시고, 살기에 지쳐 주눅 든 가난한 자들에게는 용맹한 독수리의 날개를 주시고, 풀이 죽은 기업인들에게는 『갈매기의 꿈』 속 조나단같이 비행할 수 있는 날개를 주소서. 진흙탕 싸움에 말려들어 이념 싸움을 하는 지식인에게는 구름보다 높이 나는 종달새의 공허한 날개를 보여주소서. 하나님께 드리는 날개의 소원을 담은 기도는 그칠 줄을 몰랐다. 뒤처지는 자에게는 제비의 날개를, 설빔을 마련하지 못한 아이들에게는 공작의 날개를, 홀로 사는 노인에게는 천년학의 날개를 주소서. 핵가족으로 흩어지고 이혼하는 불행한 사람들에게는 원앙새의 사랑의 깃털을 내려달라고 기원했다.

이 중에서도 너 나 할 것 없이 온 국민이 똑같이 가졌으면 싶은 날개의 꿈이 있었다. 다름 아닌 기러기들의 날개다. 자기 둥지를 지키기 위해서 우는 둥지 속의 새들은 감히 흉내낼 수

서문

없는, 대열을 지어 소리를 내는 그 경이로움.

"기러기들처럼 날고 싶습니다. 온 국민이 그렇게 날았으면 싶습니다. 소리 내어 서로 격려하고 대열을 이끌어가는 저 신비하고 오묘한 기러기처럼 날고 싶습니다.

너 나 할 것 없이 소리 내어 서로 격려하고 서로의 자리를 바꿔가는 저 신비하고 오묘한 기러기처럼 날고 싶습니다."

너무 많은 소원을 빌었던 나는 염치없어 얼굴이 달아오르는 것을 느낀다. 그래서 언제나 날개에 대한 나의 소원은 용두사미로 끝난다. "아주 작은 날개라도 좋습니다"라고.

시인 이상의 소설 〈날개〉의 마지막 장면처럼,

날개야, 다시 돋아라.
날자. 날자.
한 번 더 날자꾸나.
한 번만 더 날아 보자꾸나.

은빛 날개를 펴고 눈부신 하늘로 날아오르는 경쾌한 비상의 시

날게 하소서

작, 이 절망의 벼랑 끝에서 모든 사람이 함께 살아갈 날개 하나씩을 달아주소서.

이 시를 쓴 지 14년 만에 한 권의 책의 머리말처럼 쓰게 되었으니 이 또한 귀한 기억이 아니겠는가.

『생각의 생각』이 출간되자마자 출판사 사정으로 제대로 햇빛을 보지 못했다. 오랜 시간 묵혀두었던 내 아까운 작품들이 새해 소원 그대로 『다시 한번 날게 하소서』로 새 옷을 입고 날개를 달게 되어 마음이 가볍다. 이 날개의 반전의 반전 드라마의 끝은 해피엔딩일까. 꼭 그러기를 원한다. 왜냐하면 『생각의 생각』에는 한국 문화의 원형들(아키타이프)이 실려 있기 때문이다.

2022년 새해를 맞으며 이어령

읽기 전에

광부들은 어두운 지하 갱에서 광석을 캔다. 그중에는 다이아몬드처럼 찬란한 빛을 발하는 보석들도 있다. 땅속에 묻혀 있을 때에는 잡석과 다를 것이 없는 것들이다. 땅 밖으로 나왔을 때만이 비로소 보석들은 다른 돌과 구별된다. 우리가 무엇을 깊이 생각한다는 것은 바로 마음 깊숙이 숨어 있는 생각을 캐낸다는 뜻이다. 깊이 생각한다는 뜻의 사자성어인 '심사숙고深思熟考'라는 말에도 '깊을 심深' 자가 들어 있다.

누구나 마음속에 생각의 보석을 지니고 있다. 다만 캐내지 않기 때문에 잠들어 있을 뿐이다. 아직도 우리 교육은 한 사람 한 사람의 마음속에 잠재해 있는 생각이나 능력을 밖으로 캐내기보다는 이미 만들어진 어떤 이념들을 머리와 가슴속에 주입시키는 경우가 많다. 교육이 아니라 세뇌 작용이다.

매일 아침 궁성요배宮城遙拜(일본 천황이 있는 도쿄를 향해 절을 하는 행위)를 하고 "황국신민皇國臣民의 맹서"를 소리 높이 외치며 자란 나의 소년 시절을 생각하면 지금도 가위눌릴 때가 있다. 그런데 일제에서 해방된 지 반세기가 훨씬 지난 오늘날에도 여전히 우리 주변에는 자유로운 사고에 익숙하지 않은 사람들이 있는 것 같다. 편견과 고정관념, 그리고 이분화된 흑백논리의 덫에 치인 사람들이다. 사지가 묶여 있는 것은 누구나 쉽게 알 수 있지만, 생각이 갇혀 있는 답답함을 자각하고 있는 사람은 드물다. 그러기 때문에 자신의 사고思考를 가둔 사면의 벽을 인식하고 그것을 부수고 나오는 미국 드라마〈프리즌 브레이크Prison Break〉는 일인극이 되기 어렵다. 사고가 틀 속에 갇혀 있음을 깨달으려면 남이 도와줘야 할 것이다.

이 책은 그런 목적으로 쓰인 글이다. 벽을 넘는 방법, 360도 열린 초원에서 자유롭게 달릴 수 있는 가능성, 그리고 어두운 지하 갱으로 들어가 남들이 지금껏 보지 못한 빛의 원석을 캐내는 연장. 그런 일을 돕기 위해서 이 작은 책을 엮게 된 것이다. 그래서 책 이름도 그냥 '생각'이라고 달았었다. 읽는 사람에 따라서 생각이라는 단어의 앞과 뒤에 여러 가지 말들을 붙일 수 있을 것이다. 그것이 바로 '사고의 자유'가 아니겠는가.

차례

서문	날게 하소서	005
	읽기 전에	031
think 하나	흙과 디지털이 하나되는 세상	035
think 둘	종소리처럼 생각이 울려왔으면	044
think 셋	우물에 빠진 당나귀처럼	053
think 넷	뽀빠이와 낙타의 신화	057
think 다섯	벽을 넘는 두 가지 방법	069
think 여섯	세 마리 쥐의 변신	081
think 일곱	미키마우스의 신발	092
think 여덟	만리장성과 로마가도	110
think 아홉	당신은 정말 거북선을 아는가	114
think 열	국물 문화의 포스트모던적 발상	128
think 열하나	전통 물건에 담긴 한국인 생각	143
think 열둘	김치, 맛의 교향곡	165
think 열셋	선비 생각이 상商과 만나다	192

think 하나

흙과 디지털이 하나되는 세상

에티오피아의 동화 한 편이 생각난다. 서구의 두 모험가가 에티오피아라는 거대한 나라의 구석구석을 찾아다니며 정보를 수집해서 지도를 만들었다. 금과 은을 구하려고 돌들을 조사하기도 했다. 그런 보고를 듣고도 황제는 그들을 환대하고 선물까지 내렸다.

그들이 에티오피아를 떠나 배를 타려고 할 때 뒤따라온 근위병들은 그들이 신고 있던 구두를 벗겼다. 그리고 구두를 조심스럽게 털고 깨끗이 닦아낸 후 영문을 몰라 하는 서양의 탐험가들에게 황제의 말을 전했다.

> 그대들은 멀리 떨어진 강한 나라에서 왔다. 그대들은 에티오피아가 모든 나라 가운데 가장 아름답다는 것을 그대들의 눈으로 보았을 것이다. 이 땅의 흙은 우리에게 소중하다. 우리는 그 흙에 씨앗을 심고 우리의 죽은 자들을 묻는다. 우리는 피곤할 때 그 위

에 누워 쉬고 들판에서 우리의 소 떼에게 풀을 뜯긴다. 그대들이 계곡에서 산으로, 평야에서 숲으로 걸어 다녔던 바로 그 오솔길들은 우리 조상의 발과 우리 어린이들의 발로 만들어진 것이다. 에티오피아의 흙은 우리의 아버지, 우리의 어머니, 우리의 형제다. 우리는 그대들을 환대했으며 귀한 선물을 주었다. 그러나 흙은 우리가 가지고 있는 가장 값진 것이다. 그러므로 우리는 그 흙을 단 한 알갱이도 줄 수 없다.

아름답고 감동적인 이야기다. 그러나 흙의 감동과 아름다움 때문에 에티오피아인들은 3000년의 긴 역사를 잃고 서구인들의 지배를 받았다. 분명히 탐험가들이 나타나기 전까지 에티오피아인들을 지켜준 것은 한 알갱이의 흙에서 나오는 힘이었다. 서양 사람들은 시바의 여왕이 가지고 있는 아름다움의 힘과 한 아이를 놓고 싸우는 두 여인을 명쾌하게 재판한 솔로몬의 지혜를 그들의 구두에 묻혀 가지는 못했다.
하지만 그 탐험가의 구두에는 그 나라의 구석구석을 걸어 다니며 얻은, 보이지 않는 흙의 정보가 묻어 있었음을 에티오피아 사람들은 보지 못했다. 그 결과, 서양 사람들은 그들이 넉

지도 않는 땅콩을 그 흙에 심었고, 토양에 맞지 않는 서양인들의 땅콩은 아프리카 땅을 황폐화시키고 말았다. 그렇게 해서 흙의 시대, 그 지혜와 생명의 시대는 끝났다.

think 하나

정보를 가진 폭탄

디지털 정보는 흙의 지혜를 압도한다. 10년 걸릴 것이라던 아프간 전쟁이 불과 석 달 만에 끝난 것을 보아도, 1·2차에 걸친 이라크 전쟁이 싱겁게 끝난 것을 보아도 시대의 변화가 무엇인지 알게 된다.

이렇게 전쟁에 관한 예측이 모두 빗나간 가장 큰 이유 중 하나는 사람들이 RMARevolution in Military Affairs라고 부르는 정보기술에 의한 무기 혁명이나 전략 개념을 잘 몰랐기 때문이다. 쉽게 말해 정보기술의 산물인 속칭 스마트탄의 위력이 어떤 것인가를 생각해보면 된다.

말 그대로 스마트탄은 날렵하고 지능을 지닌 똑똑한 폭탄이다. 덩치와 화력에만 의존하던 종래의 멍청한 TNT 폭탄과는 차원이 다른 무기다. 아날로그 시대의 전쟁에서는 수평 폭격의 적중률이 낮다고 해서 비행사들에게 수직 폭격의 기술을 가르치는 데 많은 시간을 허비했다. 조종사들에게는 목숨을 건 위험한 폭격술이었다. 그런데도 목표물을 정확히 맞힐 수 없어 마구잡이로 그 부근 일대에 다량의 폭탄을 투하하는 융단 폭격 전술을 썼다.

제2차 세계대전 이후 월남전까지만 해도 교량 하나를 파괴하는 데 평균 200~240톤의 폭탄을 투하하지 않으면 안 되었다. 그러나 레이저 유도 폭탄이 생겨나면서부터 그것이 12.5톤으로 줄었고, 이번 이라크전에서는 4톤이면 가능하게 되었다. GPS 유도탄처럼 위성으로부터 받은 위치 정보로 목표물을 향해 핀 포인트 폭격을 할 수 있게 된 까닭이다.

디지털 정보기술을 사용하면 전쟁 무기뿐만 아니라 산업이나 의료 분야에서도 똑같은 핀 포인트 폭격이 가능해진다. 대량 생산, 대량 소비의 산업주의 시대에 생산·소비 양식은 시장을 융단 폭격하는 것과 다를 것 없었다. 하지만 정보사회에서는 개개인의 입맛에 맞춰 제작되는 주문생산뿐만 아니라 마케팅에서도 CRM Customer Relationship Management 같은 방법이 도입되고 있다. 소비자 한 사람 한 사람의 기호나 환경을 파악하여 핀 포인트로 공략하는 맞춤식 경영관리 기술이다.

의학 치료도 그렇다. 종래의 치료 방식이 인체 전체에 투약하는 융단 폭격이었다면, 유전자 치료는 문제의 세포만 핀 포인트로 공격하는 '텔러 메이드 메디슨teller made medicine'이다. 교육도 예외가 아니다. 인터넷을 통해 학생 한 사람 한 사람을 대상으로 한 맞춤식 교육이 개발되고 있다. '마이 페이스 레슨my face lesson'이다.

그러나 핀 포인트 공격이 가능한 최첨단 스마트탄이 가끔 바보짓을 할 때가 있다. 걸프전 당시 후세인을 제거하기 위해 대통령궁의 침실을 폭격한 일이 있었다. 스마트탄은 완벽하게 공격 목표를 쳤다. 만사는 계획대로 진행되었으며, 그 결과도 TV 카메라에 담겼다. 그의 침실은 물론이고 침대조차 박살난 것이다. 그러나 후세인은 죽지 않았다. 왜냐하면 후세인은 그 침실에서 자지 않았기 때문이다. 사전에 정보가 누설되어서가 아니었다. 원래 이슬람교도들은 심각한 문제가 일어나거나 전쟁이 벌어지면 밖에서 천막을 치고 자는 풍습이 있다. 알라에게 구원을 청하는 아주 오래된 문화인데도 미군은 그것을 포착하지 못한 것이다.

한마디로 건물이나 교량 같은 목표물을 파괴하는 정보기술은 상상을 초월할 만큼 발전한 데 비해 모슬렘 문화에 대한 정보는 거의 백지나 다름없었다. 후세인을 체포하는 데 실패한 이라크전에서도 사람을 잡는 데 정밀하다는 유도탄이 무용지물이라는 것이 입증되었다.

정보기술에는 두 가지 종류가 있다. 하나는 유도탄같이 기계를 다루는 하드웨어의 정보기술이요, 또 하나는 상대방의 문화나 인간의 마음을 읽는 소프트 콘텐츠에 관한 것이다. 전자를 기계 기술, 후자를 지식 기술이라고 구별하기도 한다.

think 하나

사회자본이 된 문화

지금까지 세계를 지배해온 것은 부국강병富國强兵의 군사력과 경제력이었다. 지금까지도 정보기술은 부국과 강병의 수단이요, 도구로 이용되는 경우가 많다. 지식 자체나 문화를 목적으로 정보기술이 사용되는 경우는 아직 미미하다. 하지만 조지프 나이Joseph S. Nye의 지적대로 21세기에 들어서면서 세계는 부국강병을 토대로 한 하드 파워에서 문화, 즉 교육·학문·예술·과학·기술 등 인간의 이성과 감성적 능력이 빚어내는 창조적 산물과 연관된 소프트 파워로 옮겨갔다. 힘의 명령으로 상대방을 굴복시키는 커맨드 파워command power에서 상대방의 마음을 사로잡는 '매력cooperative power'이 외교와 국방 등에서도 중요한 작용을 한다. 한마디로 기계를 움직이는 기술보다 사람을 움직이는 기술이 진짜 정보기술의 힘이 된 것이다.

그래서 기계의 기능과 효능의 가치에서 어떻게 하면 사람을 즐겁게 할 수 있고 보람과 감동을 줄 수 있는가 하는 것이 진짜 정보기술의 혁명이 되었다.

 이제 더 나아가 조지프 나이는 하드 파워와 소프트 파워를 어떠한 방식으로 활용할지 결정하는 기술인 스마트 파워 smart power를 강조한다. 스마트 파워는 하드 파워와 소프트 파워를 한데 결합한 힘이다.

think 둘

종소리처럼 생각이 울려왔으면

언제부터인지 모르겠다. 내 책상 한구석에는 작은 종이 한 쌍 놓여 있다. 우연히 눈에 띄어 무심코 흔들어보았더니 뜻밖에도 투명한 소리가 난다. 크리스마스트리에 장식으로 매다는 종인 줄로만 알았는데, 무슨 금속 같은 것에 도금한 진짜 종이었던 것이다. 높은 소리를 내는 것이 은종이고, 조금 낮은 소리로 울리는 것이 금종이다. 별로 눈여겨본 적도 없던 것이 소리를 내는 순간, 무엇을 발견했을 때와 똑같은 충격을 받았다.

얼마나 오랫동안 그 소리는 먼지 속에 감춰져 있었던 것일까. 내 손이 닿기 전까지 그것은 하나의 돌멩이와 같은 존재였거나, 아니면 한 번도 존재해본 적 없는 그냥 텅 빈 것이었는지도 모른다. 그것이 지금 목숨을 지닌 새처럼 날개를 퍼덕이며 환한 대낮 속을 날고 있다.

아니다. 그것은 양 떼이고, 구름이고, 바람 소리다. 높고 낮은 은종과 금종을 번갈아 흔들었을 때 들은 것이 40여 년 전 알프스 고원을 지날 때 듣던 바로 그 소리였다. 양 떼의 방울 소리였다. 초원의 구릉을 따라 구름 모양으로 천천히 이동하는 양 떼의 방울 소리―수백, 수천의 방울 소리가 바람을 타고 멀리에서, 아주 가까이에서 울려 왔다. 어느 순간, 천상에서 쏟아지는 빗방울 소리처럼 들리기도 했다.

차를 세우고 녹음했다. 사람들은 여행하면서 사진을 찍지만 나는 처음 듣는 낯선 소리들, 그리고 영영 사라지고 마는 순간의 소리들을 잡기 위해 당시로서는 아주 환상적으로 작은 녹음기('도코다'라는 상표로, 홍콩에서 산 것이다) 하나를 구했던 것이다. 그러나 돌아와 테이프를 돌려 그 방울 소리를 다시 들어보니 바람 소리의 잡음만이 가득 들어 있고, 풀 냄새 나던 그 맑고 투명한 알프스 초원 양 떼의 방울 소리는 옛날 사진보다 더 색이 바래 있었다.

분명 그 순간들은 그렇지 않았다. 양들이 몸을 움직일 때마다 목에 걸린 방울들은 생생한 소리를 냈다. 걷는 리듬에 따라 혹은 풀을 뜯으려고 고개를 숙이는 그 식욕의 음정에 따라 양들은 제각기 높낮이가 서로 다른 방울 소리들을 냈다. 그것이 한데 어우러져 공기가 되고, 바람이 되고, 물방울이 되고, 수

정 구슬이 되어 굴렀다. 풀 냄새처럼 향기로운 음악이었다.

음식을 먹는 일이 그렇게 아름다운 방울 소리가 되어 울린다면 우리의 삶은 얼마나 아름다운 것이 되었을까. 우리의 생명의 목에도 그런 방울이, 그런 종이 달려 이따금 소낙비처럼 쏟아진다면 우리의 일상의 노동은 얼마나 경이로운 것이 되었겠는가.

시인 청마靑馬(유치환)는 「깃발」이라는 시에서 맨 처음 공중에 깃발을 단 사람이 누구인가를 묻는다. 하지만 나는 그보다 맨 처음 종을 만들어 울릴 생각을 한 사람이 누구인가를 묻고 싶다. 종은 육체이고 숨소리는 영혼이라는 진부한 아날로지 analogy(유추) 때문이 아니다. 내가 오늘 아침 우연히 작은 종을 흔들어 그토록 투명한 소리를 내는 것을 듣고 놀랐듯, 처음 종을 만들어 그 소리를 들은 사람도 그렇게 놀랐을 것이다.

지금까지 책장 한구석의 먼지 속에서 침묵하던 소리. 흔들어 주기 전까지는 존재하지 않던 그 맑은 소리. 더 이상 의미를 붙이지 말자. 종은 침묵하지만 그 안에 수많은 소리를 담고 있다. 우리 육체의 욕망들처럼, 풀을 뜯는 양 떼의 불타는 식욕처럼 말이다.

종소리처럼 생각이 울려왔으면

'누구를 위하여 종은 울리나'

「누구를 위하여 종은 울리나For whom the bell tolls」는 존 던John Donne의 기도서에 나오는 산문 가운데 하나다. (그렇다. 존 던은 시보다 아름다운 산문을 썼다) 이제 '누구를 위하여 종은 울리나'는 존 던의 기도서가 아니라 누구나 헤밍웨이Ernest Miller Hemingway의 소설, 그리고 그 영화를 생각하게 한다. 헤밍웨이가 소설을 다 쓴 다음 거기에 합당한 소설 제목을 찾다가 우연히 존 던이 쓴 이 구절이 눈에 띄었던 것이다. 존 던의 그 말들은 벼락처럼 그의 머리를 쳤다.

많은 사람이 이 종소리를 무슨 축제의 종이나 일상적으로 울리는 종소리로 착각한다. 하지만 존 던의 그 종bell은 조종弔鐘을 의미한다.

누군가 죽으면 마을 전체에 그의 죽음을 알리느라 교회당에선 종소리가 울렸다. 릴케Rainer Maria Rilke의 『말테의 수기Die Aufzeichnungen des Malte Laurids Brigge』에서도 읽은 적이 있다.

think 둘

옛날에는 하잘것없는 사람의 죽음이라 해도 죽음은 장엄하고 엄숙한 사건이어서 가장 큰 뉴스거리였다. 그래서 사람이 죽으면 조종을 울렸으며, 사람들은 그것이 누구의 죽음을 알리는 종소리인가를 궁금해했다. 잠시 일손을 멈추고 죽은 자를 위해 경건한 마음으로 기도하고 고개를 숙여 슬픔을 표시했다. 그러나 존 던은 말한다. 그것이 누구를 위해 울리는 종소리인가를 묻지 말라는 것이다. 그것은 바로 나를 위한 종소리, 내 죽음의 조종이기 때문이다. 어떤 사람도 완전한 섬일 수는 없다. 나는 홀로 있는 섬이 아니다. 아무리 홀로 떨어져 있으려고 해도 인간들은 서로 연결되어 있다. 섬이 아니다. 나는 대륙의 일부다. 아무리 작은 모래나 흙덩이라고 해도 그것은 광활한 대륙과 연결되어 있다. 그래서 존 던은 말했다. "바다에서 밀려오는 파도에 모래 한 알과 작은 흙덩어리가 바다에 휩쓸려 가면 그만큼 대지는 가벼워지고 작아진다"고···.

헤밍웨이의 『누구를 위해 종은 울리나』에서 로버트 조던은 왜 스페인 내전에서 죽었나? 그러니까 누가 죽는다는 것은 바로 내 크나큰 생명의 일부가 떨어져 나간다는 뜻이다. 그의 죽음은 비로 나의 죽음이다. 그러므로 현명한 사람은 자신을 섬이 아니라 대륙으로 생각하고, 그런 사람들은 어리석은 질문을 하지 않는다. '누구를 위하여 종은 울리는가'라고….
누군가 죽는다는 것은 내 대륙 안의 모래가, 흙이 바다로 휩쓸려 떨어져 간다는 의미다. 그의 고통은 나와 무관하지 않고, 그의 생명은 나와 똑같은 샘물에서 흘러온 것이다. 누구를 위해 종은 울리나? 왜 미국의 젊은 청년 로버트 조던은 그와 관계도 없는 스페인 내전에 참전하여 죽어야만 했는가.
그 제목이 소설의 모든 것을 설명해준다. 아니, 종처럼 울리게 한다.

think 둘

"침묵하던 소리를 듣고 싶다"

서양 사람들은 방울도, 종도 다 같이 '벨bell'이라고 부른다. 방울이나 종이나 크기가 다를 뿐 서양 것은 그 안에 소리를 울리는 장치가 있다. 말하자면 공이가 내부에서 때려 소리를 낸다. 하지만 동양의 에밀레종 같은 한국의 범종은 밖에서 공이로 쳐야 한다. 몸을 흔들어줘야 소리를 내는 서양의 종과 달리 한국의 범종은 움직이지 않는다. 한자리에 매달려 가만히, 그리고 무겁게 그냥 드리워 있다.

그것이 안에서 울리는 소리든 밖에서 울리는 소리든 우리의 모든 사고는 종소리처럼 울린다. 그러나 혼자서는 울리지 못한다.

소설을 다 써놓고도 헤밍웨이는 그 소설에 제목을 달지 못했다. 그러던 중 존 던이 쓴 기도서의 한 구절이 그의 소설의 언어를 흔들어준다. 인물과 이야기와 모든 배경의 풍경들을 종소리로 울리게 한다. 이 행복한 우연…. 헤밍웨이는 수백 년이나 떨어져 산 존 던과의 만남으로 그의 소설이 종이 되게 한 것이다.

무엇인가가 내 몸을 흔들어주지 않고는, 누가 밖에서 공이로 때려주지 않고는 내 안에 고여 있는 생각의 소리를 울릴 수 없다. 뉴턴은 사과가 떨어지기를 기다렸다. 더 이상 이 이야기에 긴 설명을 붙이지 말자. 설명할수록, 의미를 붙일수록 글은 길어지지만 그 의미는 줄어든다. 백지에 가득 찬 의미를 죽이기 위해 사람들은 검은 문자들로 채운다. 그 공백의 의미를 허물어버린다. 백지 가득 고여 있는 그 의미를 참지 못하기 때문이다.

오늘 아침 우연히 흔든 그 종소리처럼 내 육체에서도 침묵하던 소리들이 울려 왔으면 좋겠다. 사랑 같은 것, 정화된 슬픔 같은 것, 동그란 점 같은 것, 선이 아니라 열도列島처럼 섬들이 하나로 이어진, 그런 점 같은 것…. 대륙에서 막 떨어져 나온 작은 모래같이 외로운 것을 견디기 위해 그런 생각들을 글로 쓰고 싶다.

내 컴퓨터의 키보드에서 오늘 아침 우연히 들은 그런 방울 소리, 종소리가 울려 왔으면 좋겠다. 바람 소리밖에 남지 않았던

think 둘

알프스 고원 양 떼의 방울 소리를 담은 테이프를 찾아 리와인드하고 싶다.

아직도 어느 구석엔가 맑은 소리를 감추고 내 손이 닿기를 기다리는 작은 종들이, 크리스마스 데커레이션이 아니라 진짜로 흔들면 울리는 금종·은종이 남아 있을 것이다. 안에서도 치고, 밖에서도 치는 종처럼 생각이 울려 왔으면 좋겠다.

think 셋

우물에 빠진 당나귀처럼

나무의 한가운데를 톱으로 자르면 동심원의 나이테 무늬가 나타난다. 하지만 서양 사람들이 장작을 팰 때처럼 나무를 세워놓고 자르면 그 동그라미들은 온데간데없고 물결처럼 흐르는 나뭇결의 곡선 모양만 보일 것이다. 대나무로 죽창을 만들 때처럼 사선으로 비스듬히 쳐보면 동그라미도, 줄무늬도 아닌 타원형 파문이 생겨난다.

같은 통나무인데도 자르는 방식에 따라 이렇게 전연 다른 무늬가 생겨나는 것처럼 우리네 삶의 무늬도 그와 같이 변한다. 슬픔이 즐거움이 되기도 하고, 가난이 풍요로 바뀌기도 한다. 나의 운명, 나의 가정, 그리고 사랑과 사업, 또 이념이나 나의 조국—그 모든 것이 통나무를 자를 때처럼 다르게 변한다. 새로운 방식으로 내 삶의 통나무를 잘라보고 찍어보고 깎아보면 우리가 한 번도 가보지 못한 낯선 나라로 들어가는 통과사증을 받을 수 있다.

think 셋

사람의 몸은 아주 놀라울 정도로 적은 영양분만으로도 살아갈 수 있도록 설계되어 있다고 한다. 너무 많은 영양분을 섭취했을 때는 그것을 처리하는 장치와 방도를 모른다. 그 바람에 비만증이나 당뇨병, 그리고 고혈압 같은 성인병이 나타나게 된다. 〈뽀빠이〉 같은 만화영화에서 나오는 에너지의 원천인 시금치도 지나치게 많이 먹으면 결석에 걸리게 된다.

사람 몸만 그런 것은 아니다. 핸드백을 열어보면 안다. 서랍을 열어보면 안다. 호주머니를 뒤져보거나 신발장이나 옷장을 뒤져봐도 알 수 있다. 이미 용도가 폐기된 물건들이 산더미처럼 쌓여 있다. 한 번도 쓰지 않은 것들이 쓰레기나 다름없이 보관되어 있다. 그중에는 아주 오래전에 잊힌 물건들이 치매에 걸린 노인처럼 누워 있기도 한다.

아이들 물건일수록 버릴 것이 많다. 손과 발이 커지니 작아진 신발이나 장갑도 생겨난다. 키가 자라니 맞지 않는 옷들이 널려 있게 된다. 생각도 자라니 어제 읽던 책이나 오늘 갖고 놀던 장난감도 넝마처럼 쌓이게 된다.

버려야 한다. 우리도 아이처럼 매일 자란다. 그러니 조금 전까지 통했던 상식과 지식들이 쓸모없는 것으로 변한다. 그렇게 우리를 괴롭히던 고정관념들, 집념이나 원한도 모두 버려야 한다. 지식도 영양분처럼 넘쳐날 때가 더 위험한 법이다. 샘물은 퍼 써야만 새 물이 고인다. 고여 있는 지식도 퍼내야 새로운 생각이 새 살처럼 돋는다.

이런 이야기를 들은 적이 있을 것이다. 당나귀가 빈 우물에 빠졌다. 농부는 슬프게 울부짖는 당나귀를 구할 도리가 없었다. 마침 당나귀도 늙었고 쓸모없는 우물도 파묻으려고 했던 터라 농부는 당나귀를 단념하고 동네 사람들에게 도움을 청하기로 했다. 동네 사람들은 우물을 파묻기 위해 제각기 삽을 가져와서는 흙을 파 우물을 메워갔다.

당나귀는 더욱더 울부짖었다. 그러나 조금 지나자 웬일인지 당나귀가 잠잠해졌다. 동네 사람들이 궁금해 우물 속을 들여다보니 놀라운 광경이 벌어지고 있었다. 당나귀는 위에서 떨어지는 흙더미를 털고 털어 바닥에 떨어뜨렸다. 그래서 발밑에 흙이 쌓이게 되고, 당나귀는 그 흙더미를 타고 점점 높이 올라오고 있었던 것이다. 그렇게 해서 당나귀는 자기를 묻으려는 흙을 이용해 무사히 그 우물에서 빠져나올 수 있었다.

정말 그렇다. 사람들이 자신을 매장하기 위해 던진 비방과 모함과 굴욕의 흙이 오히려 자신을 살린다. 남이 진흙을 던질 때 그것을 털어버려 자신이 더 성장하고 높아질 수 있는 영혼의 발판으로 만든다. 그래서 어느 날 그 곤경의 우물에서 벗어나 자유롭게 살아갈 수 있는 날을 맞게 된다.

뒤집어 생각할 줄 알아야 한다. 모든 삶에는 거꾸로 된 거울 뒤 같은 세상이 있다. 불행이 행이 되고, 행이 불행이 되는 새옹지마塞翁之馬의 변화가 있다. 우물 속같이 절망의 극한 속에서 불행을 이용하여 행운으로 바꾸는 놀라운 역전의 기회가 있다. 우물에 빠진 당나귀처럼 남들이 나를 해칠지라도 두려워 말 일이다.

한때 인터넷에서 한창 영문으로 떠돌던 이 한 편의 우화는 나를 음해하는 진흙이 나를 구해주는 기적의 사다리가 된다는 것, 영혼이 높아지는 디딤돌이 된다는 것을 가르쳐주었다.

think 넷

뽀빠이와 낙타의 신화

'뽀빠이'라고 하면 시금치를 생각한다. 그 만화를 모르는 사람들도 시금치에는 철분이 많아 아이들 건강에 좋다고 믿는다. 하지만 시금치에는 다른 식품들보다 철분이 적으면 적었지 결코 많지 않다.

발터 크래머Walter Kramer와 괴츠 트랜클러Gotz Trenkler는 그들의 『상식의 오류 사전Lexikon der Popularen Irrtumer』에서 "뽀빠이가 철분을 중요하게 생각했다면 통조림 시금치보다 차라리 그 깡통을 먹는 것이 더 나았을 것"이라고 비웃는다. 그들의 설명을 들어보면 뽀빠이 신화는 순전히 타이핑을 잘못 한 데서 비롯된 것이라고 한다. 그러니까 처음 식품의 성분 분석을 할 때 실수로 소수점 자리가 한 자리 위로 잘못 찍히는 바람에 시금치의 철분 함유량이 10배 불어나게 된 것이다.

눈 깜짝할 사이에 일어난 이 실수 하나로 미국의 시금치 생산지인 텍사스 크리스털 시티에는 "씩씩한 뱃사람 뽀빠이 덕분에 미국의 시금치 소비량이 33%나 증가했다"는 기념비가 세워졌고, 2차 세계대전 이후 독일에서는 수백만 명의 어린아이들에게 시금치를 먹였다.

그러나 우리를 정말 놀라게 하는 것은 시금치의 실제 철분 함유량이 100g당 2.2mg으로 달걀 정도에 지나지 않는다는 '사실'이다. 그 착오가 1930년대에 밝혀져 수정되었음에도 불구하고 뽀빠이 신화가 오늘날까지 여전히 시퍼렇게 살아 있다는 점이다. 시금치를 과도하게 먹으면 근육이 솟아나는 것이 아니라 신장에 결석증이 생긴다는 의학적 진실 앞에서도 뽀빠이 신화는 꺾이지 않고 세계를 제압하고 있다.

뽀빠이와 낙타의 신화

낙타는 성경 속에서 운다

만화가 성경으로 옮겨오고 점 하나가 문자 하나로 바뀌면, 이번에는 낙타의 신화가 등장한다. 〈마태복음〉 19장 24절과 〈마가복음〉 10장 25절을 펼쳐보라.

거기에는 분명히 "부자가 하나님의 나라에 들어가는 것보다 약대(낙타)가 바늘귀로 들어가는 것이 더 쉬우니라I say unto you, It is easier for a camel to go through the eye of a needle, than for a rich man to easier into kingdom of God"라고 되어 있을 것이다. 부자가 천국을 들어가려는 것은 이해가 가지만 서커스단에 소속된 것도 아닌 낙타가 무엇 때문에 바늘귀로 들어가야 하는지 알 수 없다. 그런데 이 성경 구절만큼 사람들을 매료시키고 그토록 많이 입에 오르내리는 것도 드물다. 더구나 많은 연구가가 이 성경 말씀이 오역이라는 사실을 누누이 지적하는데도 말이다. 발터 크래머도 『상식의 오류 사전 2』에서 오류 중 하나로 이 성경 구절의 오역을 예로 들었다. 원전대로 하자면 그것은 '낙타'가 아니라 '밧줄'인데 잘못 번역되었다는 것이다. 아람어Aram로 밧줄은 'gamta'고 낙타는 'gamla'다. 'T'와 'L'의 글자 한 자 차이로 밧줄은 낙타가 될 수도 있고, 낙타는 밧줄로 변할 수 있다. 결국 그 한 자 차이의 잘못으로 '부자가 하늘나라로 들어가기보다 밧줄이 바늘귀로 들어가는 것이 더 쉬우니라'라는 말이 '낙타가 바늘귀로 들어가는 것'으로 오역되었다고 말한다.

이에 대한 반론들이 있지만 설득력이 있는 말이다. 낙타를 밧줄로 돌려놓으면 그 비유는 자연스럽게 들리고, 그 논리는 비로소 합리성을 띤다. 바늘귀로 들어가는 것은 실이다. 그러므로 당연히 바늘귀와 실의 관계에 대비되는 것은 낙타가 아니라 밧줄이어야 한다. 그래야만 비로소 바늘귀의 크기에 대응하는 실과 밧줄의 차이가 생겨나게 된다.

신화적 사고와 허구의 세계

그것이 오타요, 오역이라는 사실이 밝혀지고 난 뒤에도 여전히 뽀빠이는 시금치를 먹고 괴력을 발휘한다. 그리고 사막을 건너야 할 낙타는 2000년 동안이나 바늘귀 앞에서 점프를 계속한다. 사실과 과학이 지배하는 사고의 세계에서는 벌써 폐품이 되었어야 할 시금치 통조림과 낙타의 곡예가 어째서 사람들의 마음을 사로잡고 흔들고 흥분시키고 현실 이상의 힘으로 우리 앞에 군림하는가. 정말 놀라운 힘으로 뽀빠이가 거인 블루토를 때려눕히고, 가난한 자가 부자의 부러움을 사는 허구의 그 힘은 대체 어디에서 오는 것일까.

만약 사실에 입각하여 뽀빠이가 먹는 시금치를 홍삼이나 비타민제로 바꾸면 어떻게 될 것인가. 그리고 낙타를 원전대로 정확하게 밧줄이라고 했다면 어떻게 되었을 것인가. 아이들은 금세 만화책을 덮고 뽀빠이 곁을 떠나게 될 것이고, 밧줄이 바늘귀로 들어가는 대목에서 목사님의 설교는 갑자기 그

빛을 잃게 될 것이다. 오히려 사실과 논리에서 일탈한 초현실적인 비합리성의 엇박자의 힘이 있기 때문에 그 이미지와 상징성은 강렬한 감마선을 띠게 된다.

만화나 신화의 공간에서 사람들의 마음을 사로잡는 힘은 사실이나 논리가 아니다. 시금치가 갑자기 불로초 같은 환상의 빛을 발하고 사막을 건너는 대상들의 낙타가 바늘귀만한 천국의 문 앞에서 금빛 머리를 치켜세우고 우는 그 충격은 우연과 허구의 세계에서만 가능하다.

마르크스Karl Heinrich Marx가 그 수수께끼와 씨름했다는 이야기를 들어보기로 하자.

그리스신화가 그리스 예술의 병기창이었을 뿐만 아니라 그리스 예술이 움터 나온 기반이었다는 것은 잘 알려진 사실이다. 그리스인들의 상상력과 예술을 형성했던 그러한 자연관과 사회관계가 자동기계·철도·기관차의 시대에도 가능할까. 로버츠 앤드 코Roberts & Co에 대항하는 발칸vulcan은 어디에서 등장할까.

피뢰침에 대항하는 주피터Jupiter, 그레디 모빌리에Credit

Mobilier 은행에 대항하는 헤르메스Hermes는? 모든 신화는 상상 속에서 상상을 통하여 자연의 힘을 형상화하고 지배하고 통솔한다. … 아킬레스Achilles가 납으로 만든 총알과 공존할 수 있을까. 또는 『일리아드Iliad』가 인쇄기 시대에 한 줄이라도 어울릴 수 있을까. 인쇄기가 등장하면서 그 모든 노래와 읊조림과 명상은 서사시의 전제조건들과 더불어 결국 사라져버리지 않을까.

그리스 예술과 서사시가 사회적 발전의 한 형태에 연관되어 있다는 것을 이해하는 것은 어렵지 않다. 설명하기 힘든 것은 오히려 왜 그것들이 아직도 우리에게 미적 즐거움의 원천이 되고, 또 어떤 관점에서는 우리가 성취할 수 없는 표준이자 모델로 자리 잡고 있느냐는 것이다.

이에 대한 대답은 간단하다. 우선 마르크스의 ○× 문제에 대해 우리는 질문자의 예상과 달리 모두 ○ 표를 치면 되고, 마지막 주관식 질문에 대해서는 뽀빠이와 바늘귀로 쉽게 들어간 낙타의 신화를 참고로 그 답안을 쓰면 된다.

전기를 실험하기 위해 벤저민 플랭클린Benjamin Franklin이

날린 연에 대해 잘 알고 있는 아이들도 한편에서는 그들의 아득한 옛날 할아버지네들이 그랬던 것처럼 제우스 같은 뇌신雷神을 향해 경이의 눈을 뜬다. 마르크스의 말대로 어른들이 그의 유년 시절을 그리워하는 것은 감상 때문이 아니라 그러한 신화들이 사실과 현실이라는 이름 밑에 깔린 상상과 상징의 생동하는 삶의 역동성을 일깨우는 자명종 같은 울림을 지니고 있기 때문이다.

21세기의 특성을 3F로 정리한 것 가운데 어째서 허구를 뜻하는 '픽션Fiction'의 'F'가 끼이게 되었는지를 생각해보면 마르크스가 대답하지 못한 많은 현상들이 우리 주변에서 일어나고 있다는 것을 알게 될 것이다. 그리고 기계론적 세계관이 양자물리학에 의해 무너졌듯 (대니얼 벨의 「The Winding Passage」 참조) 과학의 세계마저 필연적이고 선형적인 인과법칙으로만 설명되는 것은 아니다.

과학적인 큰 발명조차 실수나 우연에서 창조된 '세렌디피티Serendipity'를 중시한다. 20세기가 단선적인 결정론으로 도구를 만들고, 그것이 세계를 지배하는 호모 파베르Homo Faber

의 시대였다면 21세기는 놀이와 상상, 그리고 창조적 힘으로 끝없이 삶을 허구와 이미지로 충만하게 하는 인간―호모픽토르Homo Pictor의 세기라고 할 수 있다.

think 넷

꿈꾸는 인간—미치광이와 연인과 시인들

소수점 한 자리를 잘못 친 데서, 글자 한 자를 바꿔 읽는 데서 우리가 생각할 수 없었던 허구의 세계가 창조된다. 그러한 사실들을 의도적으로 그리고 적극적으로 끌어들이는 사람들이 바로 셰익스피어William Shakespeare가 정의한 '꿈꾸는 인간'—미치광이와 연인과 시인들이다. 3F 시대에는 허구적 발상이 중요한 몫을 차지한다는 것은 예술의 공간에서만 일어나는 것이 아니다. 우리가 일상적 공간에서 매일 사용하는 3M의 메모지 '포스트 잇'이나 음악 팬들을 열광시킨 소니의 '워크맨'을 보면 안다.

풀은 무엇인가를 붙이는 접착력이 생명이다. 붙지 않는 풀은 이미 풀이 아니다. 그러나 약품을 잘못 혼합하여 붙였다가도 떨어지는 불량 풀이 만들어졌을 때 3M 같은 메모지용 풀이 발명된 것이다. 떨어지는 풀의 약점과 역기능을 장소석으로 살리면 종래의 접착제와 전혀 다른 신상품이 태어난다. 붙일 수도 뗄 수도 있는 융통성 있는 새로운 풀의 발상은 풀이라는 개념 자체를 바꿔놓았으며, '붙다/떨어지다'의 정반대되는 대립항의 경계와 그 체계를 파괴한다.

풀이 붙는 것처럼 녹음기는 소리를 기록하는 작용을 한다. 그런데 공장장이 우연히 한 공원에서 녹음기에서 녹음 장치를 떼어내고 대신 재생 장치를 첨가하여 스트레오 음악을 즐기는 현장을 목격하게 된다. 녹음이 안 되는 이 녹음기, 말하자면 녹음기를 재생기로 패러다임을 바꾼 그 발상에서 소니는 세계 최초로 워크맨을 개발하였다.

붙지 않는 풀, 녹음이 안 되는 녹음기—그것은 낙타가 바늘 귀로 들어가는 성경 구절처럼 오역이 창조로 변하고, 잘못 찍힌 소수점이 블루토를 때려눕히는 뽀빠이의 놀라운 힘이 되는 기적의 파편들이다.

달리Salvador Dalí나 뒤샹Marcel Duchamp 같은 초현실주의 화가처럼 혹은 신문지의 글자들을 모아 시를 쓴 미래파 시인들처럼 우연을 잡아라. 그리고 허구의 F를 향해 낚싯줄을 던져

라. 시인처럼 연인처럼 혹은 광기 어린 사람처럼 일상성에서 탈출하는 탈영병이 되어라. 그 행복한 우연의 오타와 오역 속에서 당신은 때때로 바늘귀를 향해 뛰어오르는 낙타의 놀라운 천국을 보게 될 것이다.

think 다섯

벽을 넘는 두 가지 방법

벽을 긁는 글, 그림, 그리움

벽에 걸려 있던 달력을 미로Joan Miro의 그림 달력으로 바꿨다. 그림 달력 하나로 방이 달라진다. 역시 회화는 벽에 의존한다. 벽이 없었으면 벽화는 물론이고 벽에 거는 초상화와 그 많은 그림은 존재할 수 없었을 것이다.

인간은 벽을 만들었다. 허허벌판에선 살 수 없었기 때문이다. 그러나 동시에 벽 속에서는, 감옥이나 동굴에서처럼 살아갈 수 없다. 벽에 의지하고 벽에 반발하는 앰비버런스ambivalence(모순)에서 회화가 생겨난다. 그림은 벽에 뚫어놓은 마음의 창이기 때문이다. 창을 벽의 상처라고 말하듯, 그림 또한 피가 흐르는 벽의 상처인 것이다.

동양의 족자와 병풍이 모두 그렇다. 사람들은 절벽 같은 공허의 벽을 견디지 못한다. 인도의 설화처럼 벽은 태양보다, 구름보다, 바람보다 강하다. 오직 날카로운 설치류 쥐만이 구멍을 뚫을 수 있다.

벽은 바람을 막고 풍경을 도살한다. 눈을 가리고 신체를 묶는다. 벽에서 자유로워지기 위해 그곳에 구멍을 뚫으려면 날카롭고 빨리 자라는 송곳니가 필요한 것이다. 그리고 한밤의 어둠 속에서 갉고 갉은 색채와 선, 그리고 회화의 구도가 탄생한다. 그림은 그렇게 탄생한다.

단순한 상상이 아니다. 희랍의 전설에는 회화와 조각이 어떻게 탄생했는가를 밝힌 이야기가 있다. 어느 청년을 열애한 소녀가 그와의 이별을 앞두고 상심하여 눕는다. 소녀의 아버지는 그 청년의 옆얼굴이 벽에 비치는 그림자를 따라 그 윤곽의 선을 그리고 색채를 칠한다. 그래서 이윽고 그 청년과 꼭 닮은 릴리프relief, 그러니까 그림과 조각의 중간인 부조浮彫가 생겨났다. 그림의 시원이 딸의 그리움을 달래기 위해 그림자를 그림으로, 조각으로 옮긴 것이라는 이야기는 상징적이라기보다 사실적으로 들린다. 벽을 긁는 것, 벽에 어리는 그림자, 그리고 벽 너머로 사라질 연인에 대한 그리움…. 그렇다. 긁는 것, 그림자, 그림, 그리움 모두 비슷한 단어 아닌가.

희랍에만 있는 것이 아니다. '묵매墨梅'가 처음 탄생한 전설도 그와 흡사하다. 달밤에 풍류를 즐기다 문득 달빛을 타고 창문에 어리는 매화와 그 나뭇가지의 그림자를 본다. 소쇄한 매화의 실루엣에 정신을 잃었다. 그 그림자를 남기기 위해 먹으로 그 그림자의 윤곽을 그대로 따라 그렸다. 그것이 바로 오늘 세한삼우歲寒三友나 사군자에서 보는 그 묵매의 시작이라는 것이다.

에스키모들은 얼음집에서 긴 겨울을 나기 위해 조각을 한다. 그것처럼 우리는 그림을 벽에 붙인다. 현대 회화는 벽 장식으로부터 벗어나는 것이라고 전위적 비평가들은 목청을 높이지만, 누가 뭐라고 해도 회화는 벽을 죽이기 위해 존재하는 인간 정신의 산물이다.

허공은 그림을 원하지 않는다. 그것 자체가 이미 회화요, 빛이요, 구도이기 때문이다. 벽이 있기에, 시야를 가리는 밋밋한 차폐막이 있기에 그림을 붙인다. 붙인다기보다 뚫는다. 원시인의 동굴에서 알타미라 같은 벽화가 발견되는 것은 바로

think 다섯

그 동굴을 뚫어 들판의 짐승, 숲속의 사슴들에게 나아가려고 한 것이다. 그림을 붙이는 순간, 그만큼의 벽은 사라진다. 오늘 낡은 달력을 떼고 미로의 달력을 붙여놓고 나서 원시인이 최초로 어두운 동굴에 벽화를 그려놓고 좋아했던 것처럼 그렇게 웃었다.

어원적으로도 그림이라는 말, 긁는다는 말, 그리고 글이라는 말, 그리고 그리움이라는 말, 그것은 같은 뿌리에서 나온 말이라고 한다. 따로 떨어져 불리던 그 말들이 하나의 초점으로 합쳐지면서 떼어낸 달력의 벽면 위에는 글과 그림과 그리움 같은 것들이 하나의 관자놀이처럼 뛴다.

벽을 넘는 두 가지 방법

아오모리의 벽화

그림은 긁는다에서 나온 말이다.
그림은 그리움에서 나온 말이다.
그림은 글에서 나온 말이다.

일본에 징용 온 조선 사람이
아오모리 탄광의 어두운 벽을
손톱으로 긁어 글을 썼대요.

어무니 보고 시퍼
고향의 그리움이
글이 되고
그림이 되어
남의 땅 벽 위에 걸렸대요.
아이구 어쩌나 어무니 보고 시퍼

think 다섯

맞춤법도 맞지 않은 보고 싶다는 말
한국말 '싶어'는 참을 수 없는 욕망의 언어
배에 붙으면 먹고 싶어 배고프고
귀에 붙으면 듣고 싶어 귀 고프고
눈에 붙으면 보고 싶어 눈 고프고
가슴에 붙으면 가슴 아파 가슴 고프고
"마음의 붓으로 그려 바친 부처님 앞에 엎드린 이 몸은…"
「보현십이가」의 한 이두문자처럼 해독하기도 힘든 그리움이 된대요.
옛날 옛적 이 일본 땅에 끌려온 조선 청년이
탄광 벽을 손톱으로 긁어 글을 썼대요.
어무니 보고 시퍼

그림은 긁는다에서 나온 말이다.
그림은 그리움에서 나온 말이다.
그림은 글에서 나온 말이다.
벽을 긁는 글과 그림과 그리움은 벽을 넘는다.

세계에서 가장 가벼운 벽

나는 올림픽 개폐회식을 기획할 때에도 그 주제를 '벽을 넘어서'라고 했다. 정말 몇 년 뒤 베를린 장벽이 무너지고 철의 장막이 무너졌다. 서구 문화를 한마디로 요약한다면 그것은 벽의 문화라고 할 수 있다. 도시든 개인의 삶이든 모든 것이 두꺼운 벽을 기본으로 이루어진다.

서양의 폴리스 국가란 무엇인가. 그것은 완전히 성벽 안에 세운 도시다. 유럽은 섬이 아닌 대륙인데도 일찍부터 고층화가 이루어졌는데, 성벽이라는 제한된 도시 안에서 살아왔기 때문이다. 그래서 도시가 커지면 옆으로 퍼지지 못하고 위로 치솟아 올라가는 수밖에 없다.

동양도 예외는 아니다. 성으로 치면 중국의 만리장성만한 것이 또 어디에 있겠는가. 그러나 서양 도시국가의 성은 인간과 자연을 둘로 나누고 그 대립의 경계를 나타내는 것으로 동양의 그것과는 확연히 구별된다. 그래서 서양의 벽은 아주 두껍다. 나라의 성만이 아니라 개인 집의 벽도 마찬가지다.

우리는 '낮말은 새가 듣고 밤말은 쥐가 듣는다'고 하는데, 그것은 그만큼 벽이 얇고 허술하다는 뜻이기도 하다. 그렇지만 서구의 벽은 철저하게 방음이 잘되는 두꺼운 벽으로 되어 있다. 실제로 서양 집은 대개 적조식積造式으로, 돌이나 벽돌로 벽을 쌓아 만든 것이다. 거기에 비해 한국 집은 가구식架構式이라고 하여 기둥을 세워놓고 집을 지은 비내력벽非耐力壁으로 되어 있다. 그래서 전통적인 한옥은 벽을 터도 무너지지 않지만 양옥은 집 전체가 무너지고 만다.

벽을 넘는 두 가지 방법

지하실 문화와 개구멍 문화

언젠가 가스통 바슐라르Gaston Bachelard는 서양 문화를 '지하실 문화'라고 말한 적이 있다. 지하실은 사면이 벽이다. 지하실은 땅 밑을 팠기 때문에 그 벽이 땅과 직접 연결되어 있어 절대로 허물 수 없다. 서구의 문화, 예술, 정치적 담론과 온갖 음모, 그리고 감금도 지하실에서 만들어진다.

나치에 항거한 레지스탕스의 거점도 지하실이었고, 나치가 그들을 잡아 고문한 곳도 바로 그 지하실 벽 안이었다. 아무리 절규해도 지하실에서 외치는 인간의 목소리는 밖으로 새나가지 않는다. 이 말이 무슨 말인지 사르트르Jean Paul Sartre의 소설 「벽Le mur」을 읽어보면 안다.

한국의 전통적인 건축에는 지하실이라는 것이 없다. 정반대로 벽에 구멍을 뚫은 개구멍이라는 것이 있다. 개구멍을 통해 사람이나 개는 벽을 횡단한다. 그리고 그것은 사람이 계획적으로 뚫었다기보다 허술한 담벽이어서 어디엔가 자연스럽게 생긴

구멍이다. 이 개구멍을 통해 궁궐과 사가의 내통이 가능했고, 이도령과 춘향이의 은밀한 사랑이 이뤄졌다.

서양의 역사가 벽을 쌓은 지하실에서 만들어진 것이라면 우리의 역사는 거꾸로 벽을 뚫은 개구멍에서 생겨났다. 개구멍이 뚫린 이 허술한 담벽을 인공적인 것으로 디자인해 만들어놓은 것이 바로 병풍이다. 병풍이야말로 지하실 문화와 다른 한국 문화의 특성을 한눈에 보여주는 상징물이다. 병풍은 이 세계에서 가장 가볍고 얇으며 가변적인 벽이다.

상황에 따라 신축성 있게 적응한다. 부드러운 벽, 생멸하는 벽, 필요할 때 펴면 벽이 되어 공간을 가르고 막고 가린다. 그러다 그 필요가 없어 접어 거두면 흔적도 없이 사라진다. 콘크리트 벽 같으면 쌓고 허무는데 큰 공사를 해야 하지만 병풍으로 막은 벽은 손 하나로 쌓고 허문다.

서양에도 스크린이라고 하여 간단히 접어 세우는 나무 판때기로 만든 가리개가 있기는 하다. 병풍 같은 가리개의 그 벽은 천재적인 발명가로 알려진 버크민스터 풀러Richard Buckminster Fuller에 의해 1930년대에 이르러서야 고안되었다. 우리가 아코디언 벽이라고 부르는 것이 바로 그것이다.

벽을 넘는 두 가지 방법

그런데 어째서 병풍을 한국 고유의 것인 것처럼 말하는가, 하고 따지기 좋아하는 사람이 항의해올 것이 분명하다. 오히려 병풍은 중국이 종주국이고, 일본에는 금병풍 같은 것도 있지 않은가. 그렇지만 일본도 알고 중국도 알고 있는 미국의 동양학자 맥쿤의 말을 들어보라. "이 지상에서 병풍을 가장 생활화하고 오늘날에도 가장 많이 쓰는 민족은 단연 한국"이라고 말하지 않는가.

한국인이 처음 태어난 공간을 생각해보면 안다. 우리 선조들은 모두 병풍으로 둘러쳐진 산실에서 태어났다. 그러다 돌이 되면 또 병풍을 둘러치고 돌상을 받는다. 그러다 어른이 되어 결혼하게 되면 또 병풍을 둘러치고 의식을 올리고, 첫날밤도 병풍 안에서 치른다. 다 늙어 환갑이 되면 병풍을 둘러치고 잔칫상을 받는다. 그러다 눈을 감고 세상을 떠날 때도 병풍으로 가려진다. 아니다. 죽고 난 뒤에도 병풍과의 인연을 끊지 못한다. 제삿날이 돌아오면 병풍 사이로 이승과 저승이 만난다.

이렇게 쉽게 세우고 허물 수 있는 벽을 만들어 견고하게 우리를 에워싸는 지하실 벽을 극복한다. 그것을 넘어 자유롭게 왕래한다. 화조나 문방구가 그려져 있는 아름다운 병풍이 너와

think 다섯

나를 가르고 인간과 자연을 분할하는 서구의 그 두꺼운 벽 문화를 탈脫구축한다.

think 여섯

세 마리 쥐의 변신

'지적재산권Intellectual property right'이라고 하면 극소수 사람에게나 관련 있는 것으로 생각하기 쉬운데, 고정관념에 불과하다. 앞으로의 세상은 누구나 직접 혹은 간접으로 '눈에 보이는 것'과 '눈에 보이지 않는 것'의 '두 재산'을 갖고 살아가게 될 것이다. 그리고 날이 갈수록 눈에 보이는 것보다는 보이지 않는 재산의 비율이 더 커질 것이다.

가장 흔한 쥐를 놓고 생각해보자. 집 안에서 살아가는 짐승들은 소, 닭, 말, 돼지 같은 소중한 가축들로 집의 재산이 되지만 쥐만은 인간과 함께 살면서도 오로지 해害밖에는 주는 것이 없다. 곡식을 훔치고, 페스트pest 같은 전염병을 옮기는 쥐는 누구나 다 싫어하고 죽여야만 하는 적으로 생각한다.

하지만 그러한 쥐에게 만약 인간의 지식과 상상력을 불어넣어 재창조하면 어떻게 될까. 모든 사람으로부터 사랑받는 쥐, 그리고 거대한 부를 창출하는 재산이 되는 쥐로 변신한다.

think 여섯

그것이 바로 우리가 어렸을 때부터 잘 알고 있는 '미키마우스'다. 월트 디즈니Walt Disney의 이 쥐야말로 세계를 강타한, 1930년대 미국의 불황을 극복한 영웅이며, 오늘날에는 디즈니랜드라는 테마파크의 원조로, 세계 도처에서 수십억 명의 관람객을 끌어들이고 있다. 한때 중국은 미키마우스 캐릭터가 보이는 곳에 커다란 쥐덫을 놓아 미국 자본주의를 경계했지만 그랬던 중국마저도 홍콩 디즈니랜드를 개관한 후 디즈니랜드를 유치, 건설 중이다.

월트 디즈니가 가난했던 시절, 그가 살던 집에 드나들던 쥐 한 마리가 그의 만화에 등장하면서 디즈니의 지적재산으로 변하고 그것이 회사 전체, 그리고 미국, 나아가서는 인류의 글로벌한 재산으로 변신하여 큰 감동과 부를 가져다주었다.

미키마우스 같은 캐릭터의 저작권은 일정 기간이 지나면 소멸한다. 그런데 놀랍게도 지난 2003년 미국은 75년의 기업 보유 저작권 시효를 20년간 더 연장하는 특례법을 만들었다. 월트 디즈니의 미키마우스의 전체 저작권 시효를 95년으로 늘려버린 것이다. 디즈니의 쥐는 이렇게 미국의 상징이 되고 미국인이 보호하는 국력의 하나로 자라나게 된 것이다. 문화

콘텐츠를 제작하는 기업과 그에 관련된 사람들이 거세게 반발했음에도 불구하고 이 같은 특례에 대해서 미국 법정은 미키마우스의 손을 들어준 것이다.

미키마우스는 아무리 사용해도 닳아 없어지는 것이 아니다. 미국을 건너가 전 세계로 수출되어도 축이 나는 물건이 아니다. 소모되는 것이 아니라 그야말로 축이 나는 물건이 아니다. 소모되는 것이 아니라 그야말로 현실 속의 쥐처럼 기하급수적으로 번식하여 헤아릴 수 없이 많은 사람들이 그 덕에 밥을 먹는다. 심지어 나에게도 이 생쥐 한 마리가 부를 물어다 주었다. 몇 년 전에 『꿈의 궁전이 된 생쥐 한 마리』라는 동화를 써서 지적재산권을 갖게 된 것이다.

think 여섯

미키마우스에서 피카추로 진화

무엇보다도 우리가 주목해야 할 것은 20세기 미국의 미키마우스의 쥐가 21세기 일본에 와서 피카추로 진화했다는 사실이다. 전 세계 어린이들에게 폭발적인 인기를 모아 인터넷이 다운되는 현상까지 일으킨 피카추 역시 쥐mouse에서 발생한 상상물이다. 미키마우스와 달리 꼬리가 번개 치는 모양으로 되어 있는 전기 쥐로 포켓몬스터 가운데 주인공 격인 캐릭터다. 미키마우스는 영어다. 미키는 월트 디즈니의 아내가 생각해낸 이름으로, 그녀의 친척 아주머니의 애칭이었다고 한다. 피카추라는 이름은 원래 일본 말에서 온 것이다. 피카는 한국말로 하면 '번쩍번쩍하다'라는 의태어다. 일제 강점하에서 '삐까삐까'하다는 말을 썼는데 그때의 '삐까'가 바로 그것이다. 거기에 쥐의 울음소리인 '쮸-쮸-'(한국어의 찍찍)라는 의성어를 따 붙인 합성어인데, 이제 전 세계 어린이들의 말이 된 것이다.

세 마리 쥐의 변신

포켓몬스터 게임은 '호주머니 속의 괴물'이라는 뜻으로, 그것 역시 일본적인 발상에서 나온 것이다. 괴물이라고 하면 킹콩, 공룡처럼 몸집이 거대한 것으로 되어 있는데 『축소지향의 일본인』에서 소개한 것처럼 일본에서는 그것이 모두 호주머니 속에 들어가는 작은 괴물로 축소되어 있다. 이 작은 괴물들이 미키마우스의 패밀리처럼 뭉쳐 온라인, 오프라인 게임을 비롯하여 각종 브랜드와 캐릭터, 그리고 영화 같은 문화 산업에 파급되어 엄청난 지적재산을 만들어냈다. 쉽게 말해서 미국의 지적, 상상적 산물이 미키마우스를 낳은 것이라고 한다면 일본의 축소지향적인 지적, 상상적 특성, 그리고 그 모방력이 새로운 국부의 재산이 된 피카추의 포켓몬이 된 것이다.

이 쥐 한 마리의 놀라운 변신을 통해서 우리는 일본이 미국의 뒤를 이어서 세계적인 지적재산권 국가로 변신하고 있는 그 상징적 지표를 읽을 수 있다.

think 여섯

쥐의 또 다른 변신, 마우스

그런데 여기 또 하나의 쥐가 우리 눈가에 출현하고 있다. 그것은 바로 컴퓨터와 인터넷을 할 때 사용하는 쥐 모양으로 생긴 '마우스'다. 세계의 누리꾼들은 이 마우스를 클릭해서 ('클릭'이라는 것 역시 의성어인데 쥐가 우는 소리라고 할 수 있다) 정보의 바다로 출항한다. 클릭(딸가닥) 하는 마우스의 그 작은 소리가 TNT 수천 개가 터지는 폭발보다도 더 큰 위력으로 전 지구에 울려 퍼진다. 컴퓨터의 마우스는 사이버 세계라는 정보 시대의 새로운 황금의 땅 신대륙을 인류에게 가져다 준다. 그것이 바로 우리가 경험한 바 있는 실리콘밸리의 신화를 만들어낸 e-이코노미의 기적이었던 것이고, 소위 지적재산권이 공업 소유권인 물적 재산권을 능가하는 새 시대를 연 것이다.

세 마리 쥐의 변신

세계 최초 생물 특허를 얻은 온코 마우스

특허와 저작권이라는 개념을 합쳐서 오늘날 지적재산권, 줄여서 IPR이라고 하는데, IPR의 가장 상징적인 것이 생물 특허다. 지금까지의 특허는 물질 특허 위주였다. 미국 헌법에도 나오지만 자연을 이용한 기술, 지적인 어떤 기술이라도 물질을 통해서 나와야지만 되는 것이다. 에디슨Thomas Alva Edison의 발명품처럼 모두가 기계 기술과 관련된 것이었다.

그러나 BT, 소위 말하는 바이오테크놀로지biotechnology가 등장하면서 유전자에 관련된 동물, 생물의 특허물이 나오게 되었는데, 그중에서도 가장 상징적인 것이 바로 인류 역사상 최초로 생물 특허를 획득한 하버드의 '온코 마우스oncomouse'다. '하버드 마우스'라고 불리는 이 쥐 역시 앞으로의 무한한 부富를 약속하고 있다. 쉽게 말해서 쥐에다가 암세포 등 각종 병리 실험을 할 수 있도록 유전자 조작을 하여 특허품으로 생산 판매하고 있는 것들이다. 하버드 마우스가 제약 회사나 의학계에서 인기를 모으게 된 것은 쥐가 인체의 체온과 똑같은 36도 5부이고, 생체 기관 그리고 면역을 비롯해 각종 약리 실험에 다루기 손쉽다는 점 때문이었다.

12~13세기 유럽의 전 대륙을 페스트로 유린했고, 1816년에는 나폴레옹의 아침 식사 빵을 가로챈 무엄하기 그지없는 쥐가 1988년 미국에서는 정반대로 암을 비롯해 인간의 질병을 치료하고 예방하는 하버드 마우스로 탄생하게 된 것이다. 1544년 미국 대륙에 처음 침입한 지 440년 만에 생물 특허 제1호를 얻은 하버드 마우스야말로 BT시대가 열리고 지재권의 문이 활짝 열렸음을 상징한다.

특허품이 된 쥐는 한 마리에 100달러씩 팔린다. 그러니 우글거리는 쥐, 쥐덫을 놓아 잡기가 바쁜 쥐를 지식재산 마우스로 만들어놓으면 한 마리당 100달러씩 벌어오는 것이다. 이렇게 해서 이 쥐들이 벌어들이는 시장이 어마어마하다. 우리나라에서도 1994년 12월 서울대 서정선 교수가 처음으로 두 마리 쥐를 특허냄으로써 우리의 지적재산권 제1호가 되었다.

새로운 3D

이 세 마리 쥐를 다시 정리해보면 미키마우스나 피카추 같은 쥐는 창조적 상상력을 가진 예술가의 손에 의해서 이루어진 것이다. 그것은 현실 공간이 아니라 만화 공간, 그리고 사이버 공간이라는 상상계에서 비쳐진 산물이다. 그 말은 인간의 활동이 물리적인 현실 공간에서 새롭게 창조된 공간으로 확대되었음을 의미한다. 그것도 과거 제국주의 시대처럼 군사력에 의해서가 아니라 무혈, 무폭력의 평화적인 방법으로 얻어낸 시장이자 확대된 영토인 것이다. 현실의 쥐가 상상의 쥐로 옮겨질 때 페스트 균이 아니라 감동과 재미와 매력을 생산하는 라이선스와 지재권으로 막대한 부富를 벌어들일 수 있다.

일본 도쿄 근교에 디즈니랜드가 있다. 일본 자본으로, 일본 기술로, 일본인들이 지은 것이다. 그런데 막상 문화 콘텐츠는 모두가 미국 것이어서 열심히 번 돈이 월트디즈니사로 흘러간다. 눈에 보이는 것은 일본인이 차지하고 있지만 눈에 보이지 않는 아이디어와 서비스 등의 소프트웨어는 월트디즈니 프로덕션 것이다. 브랜드 네임이나 캐릭터 사용권, 그리고 디즈니랜드에서 이루어지는 서비스 매뉴얼이 진짜 파워이고 노른자위다. 도쿄 디즈니프로덕션이 일본의 오리엔탈랜드에 건네준 것은 노란색 커버를 씌운 몇 권의 매뉴얼 책이 전부였다. 겉으로 보면 진짜 손도 대지 않고 코를 푸는 격이다.

세 마리 쥐는 한국 국민들이 기피하는 산업 시대의 3D Difficult, Dirty, Dangerous가 온 국민이 희망과 기대를 걸고 있는 새로운 3D Digital, DNA, Design가 될 수 있음을 상징한다. 인터넷 시대를 상징하는 마우스는 디지털의 D, 미키마우스는 디자인 파워를 상징하는 D, 그리고 하버드 마우스는 DNA의 D를 각각 상징하는 지식재산 시대에 살고 있다.

우리가 과거 산업 시대의 3D에 매달려 있을 수는 없는 일이다. 제조업은 지금까지 우리를 살려온 경제이긴 하지만, 빨리이 제조업에서 IT나 문화 산업, 지식 산업으로 옮겨가야 한다. 기계 지식, 기계 기술이 지식 기술로 옮아가 구시대의 3D가 새 시대의 3D로 옮겨가는 데 있어서 세 마리 쥐의 반전은 선택적인 것이 아니라 필연적인 것이다. 현대의 페스트 균이라 할 수 있는 각종 공해에서 벗어나기 위해서도, 설령 그것이 제조업이라고 해도 새로운 3D에 의해서 즐겁고 깨끗하고 편한 새로운 지식산업으로 바뀌어야 하는 것이다.

두말할 것 없이 그 세 가지 파워의 엔진이 되고 연료가 되는 것은 다름 아닌 지식이고, 그것을 기르고 지켜주는 것은 지적재산권이라는 새로운 권력이다. 정치 권력, 경제 권력이 이 지적재산권의 권력과 손을 잡지 않으면 페스트를 퍼뜨린 십자군의 행진과 다를 것이 없다.

think 일곱

미키마우스의 신발

'인간이 거꾸로 서 있는 나무(식물)인가' 아니면 '나무(식물)가 거꾸로 서 있는 인간인가.'

라파엘로Raffaello Sanzio의 명작 「아테네의 학당Scuola di Atene」에는 사제지간인 플라톤과 아리스토텔레스가 이러한 문제를 놓고 토론을 벌이는 장면이 나온다. 스승은 오른손으로 천상을 가리키고, 제자는 오른손으로 지상을 가리킨다. 플라톤은 '인간을 거꾸로 서 있는 식물'이라고 생각했고, 아리스토텔레스는 '나무를 거꾸로 서 있는 인간'이라고 보았기 때문이다.

여간 조심하지 않으면 그게 그 소리처럼 들린다. 뿌리를 땅에 박고 있느냐 하늘에 박고 있느냐의 차이일 뿐, 인간과 식물의 근원을 같은 것으로 본 희랍인의 생각에는 다를 것이 없다. 하지만 플라톤과 아리스토텔레스의 헷갈리는 이 논쟁은

2000년이 흐른 오늘날에도 여전히 신발을 신고 살아가는 우리에게 유효한 사고의 틀로 남아 있다.

think 일곱

신발을 잃어버리는 꿈

가끔 신발을 잃어버리는 꿈을 꾸던 초등학교 때의 일이다. 수업이 끝나고 집으로 돌아가야 하는데 아무리 찾아도 내 신발이 보이지 않는다. 아이들은 모두 제 신발을 찾아 신고 돌아가는데 나만 혼자 빈 신발장 앞에서 발을 구르며 서 있는 것이다. 신발장뿐만 아니라 텅 빈 교실, 텅 빈 교정으로 어둑어둑한 땅거미가 지기 시작한다.

대체 그것이 무엇이기에 60년이나 지난 오늘날에도 그 기억이 다시 덧나 가위눌림으로 돌아오는 것일까. 그러면서도 그 난처하고 막막하던 그때의 마음을 정확히 나타낼 만한 낱말을 나는 아직 발견하지 못하고 있다.

값비싼 운동화나 구두가 아니었다. 기껏해야 통나무를 깎아 폐타이어로 끈을 만든 '게다'짝에 지나지 않는다. 그러기에 그것은 어떤 물질적 상실감이 아니었을 것이다. 소유가 아니리 분명 그것은 존재의 빈틈이나 싱실에서 온 불안감이있을 것이다. 그 가위눌림에서 키가 자라고 머리통이 커지고…. 오래전에 성장이 멈추고 난 뒤에도 빈 신발장 앞에 서 있는 나를 발견하고 놀란다.

think 일곱

발은 뿌리인가 신은 신神인가

'신발'처럼 모호하고 이상한 말도 없다. 신을 신으면 신발이 되고 신을 벗으면 맨발이 된다. 그러니까 신발은 신을 신은 발이고 맨발은 아무것도 신지 않은 발이다. 신발의 반대말은 맨발이어야 할 것이다. 그런데도 사람들은 '신발'을 '신'과 같은 말로 사용한다. '신 한 켤레'를 '신발 한 켤레'라고도 하고, 신을 벗을 때도 '신발을 벗는다'고 한다. 심지어 맨발은 아무것도 신지 않은 발인데도 "맨발 벗고 뛴다"고 한다. 신과 발이 동일시되거나 혼동을 일으키는 예들이다.

모든 생명은 흙에서 태어나 흙으로 돌아간다. 인간을 이 흙과 깊이 연결하는 것이 다름 아닌 발이다. 나무로 치면 발은 뿌리다. 대지에 찍힌 인간의 발자국은 인간이 자연적 존재임을 인정하고 확인하는 도장이다. 그러나 실제로 우리가 지상에 남기는 것은 진짜 발자국이 아니라 신발 자국이다. 문명인들은 대지의 자연과 맨발로 직접 접촉하는 아프리카의 원수민처럼 살 수 없다.

대지와 인간, 흙과 육신 사이에 가로놓여 있는 한 꺼풀의 얇은 차단막, 그것이 신이고 신발이다. 그것 때문에 어머니인 대지를 직접 맨발로 느끼지 못한다. 맨발에서 신발로 변화한 것이 바로 자연에서 문명으로 옮긴 인간의 운명이다.

think 일곱

하회마을과 맨발의 여왕

하회마을을 방문했던 영국의 엘리자베스 여왕이 우리 풍습대로 신을 벗고 대청마루에 오르자 외신 기자들은 일제히 카메라 플래시를 터뜨렸다. 왕실 사상 처음 있었던 여왕의 맨발 모습은 유럽의 특종 기사가 되었다. 그러나 국내 미디어들은 어떤 취재 경쟁도 벌이지 않았다. 서양 사람들에게 신발 벗은 여왕은 사람이 개를 문 것 같은 뉴스감이지만 한국 기자들에게는 그저 개가 사람을 문 것 같은 일상적 사건에 지나지 않는다.

문명화할수록 사람들은 맨발에 콤플렉스를 갖는다. 맨발을 야만스러운 것, 수치스러운 것, 노출된 섹스라고 생각하는 서양 사람들은 심지어 피아노나 가구 다리에까지 헝겊으로 싸 신발을 신긴다.

"신을 신고 걸으면 길을 잃을 것 같다"고 말하는 인디언들과는 너무나도 대조적이다. 인도 사람들만 해도 맨발로 숙녀를

한다. 가난해서가 아니다. 인도가 1950년 브라질월드컵 본선 진출권을 얻고도 대회 출전을 포기해야만 했던 것도 국제축구연맹FIFA의 '축구화를 신지 않으면 출전할 수 없다'는 규정 때문이었다. 인도 선수들은 "맨발이 아니면 뛸 수 없다"며 기권했으며, 그 이후 단 한 번도 본선에 진출하지 못했다.

think 일곱

신데렐라의 유리 구두

신데렐라는 17세기 프랑스 작가 샤를 페로Charles Perrault가 옛날부터 구전되어 전해지던 민간 설화를 소설로 재구성하여 널리 알려지게 된 이야기다. 그러니까 영어의 신데렐라 Cinderella는 프랑스어의 상드리옹Cendrillon에서 온 것이며, 그 뜻은 '재Cinder를 뒤집어쓴 계집애' 혹은 '더러운 부엌데기'를 가리키는 말이었다.

 신도 원래는 유리 구두가 아니라 은회색 다람쥐 가죽vair신이었다고 한다. 그것이 영어권으로 옮겨질 때 그 음이 비슷한 유리verre로 와전되어 유리 구두가 된 것이다(혹은 비로드를 뜻하는 벨루어velour가 유리로 바뀐 것이라고도 한다).
가죽신이라면 발이 조금 작거나 커도 신축성 있게 늘었다 줄었다 할 수 있다. 하지만 딱딱한 유리 구두는 한 치의 오차도 허락하지 않는다. 신데렐라가 아니면 어느 누구의 발에도 맞지 않는다. 그래서 유리 구두는 한 인물의 일체성을 나타내는 투명한 ID 구실을 한다. 그러고 보면 유리 구두처럼 신발의 의미를 가장 잘 나타내는 상징도 없을 것이다.

재를 뒤집어쓴 부엌데기가 아름다운 야회복 차림의 귀공녀로 현신하여 왕자와 결혼하는 유리 구두의 의미야말로 미개한 원시인이 그 땟물을 벗고 문명 개화인으로 바뀌는 인류 욕망의 화살표다. 유리 구두처럼 궁전의 샹들리에와 잘 어울리는 신발이 또 어디 있겠는가. 그것은 숲에서 궁전으로, 하녀에서 왕자의 신부로 끝없이 신분 상승을 기구하는 도시인들의 꿈을 담은 그릇이다. 하지만 유리 구두처럼 춤추는 데 불편하고 구속적인 신발이 또 어디에 있겠는가.

think 일곱

달마의 신발

신데렐라의 외짝 유리 구두와 정반대에 위치해 있는 또 하나의 외짝 신발을 우리는 안다. 달마의 신발이다. 면벽面壁 참선하던 달마, 양梁나라 무제武帝의 부덕과 오만함을 간하다 죽음을 당한 달마, 그리고 관 속에서 다시 살아나 신발 한 짝만 남기고 서쪽으로 떠나간 달마.

 그가 남기고 간 외짝 신발은 선禪의 세계를 찾아 서천행西天行으로 통하는 작은 문이다. 뿌리를 하늘에 박고 살아가는 자의, 자유로운 자의 신발이다. 지상의 구속으로부터의 탈출, 궁전을 향한 신데렐라와는 방향이 다른 그 신발들은 『삼국유사』 속에도 많이 등장한다. 신발을 나란히 벗고 바다 건너로 사라진 연오랑과 세오녀의 이야기가 그것이다.

생리학적으로 봐도 자신의 신발은 자기 위胃의 크기와 거의 일치한다고 한다. 크기만이 아니라 모양까지 신발과 위는 비슷하다는 것이다. 신데렐라의 위를 알기 위해서는 그가 벗어놓은 유리 구두를 보면 알 수 있고, 달마의 영혼을 보려면 그가 벗어놓고 간 외짝 신발을 보면 알 수 있다. 신발은 자신의 위이며 동시에 영혼이 담긴 뇌다. 나는 신발이고 신발은 나다. 신발을 잃는다는 것은 자신의 아이덴티티identity의 상실을 의미한다.

think 일곱

나이키와 아라신

나이키가 '에어AIR(공기)'라는 단어의 알파벳을 활활 타오르는 불꽃처럼 디자인한 농구화를 아랍권에서 팔려다 호된 시련을 겪은 적이 있었다. 그것이 '알라'의 아랍어 표기를 연상시킨다는 것이었다. 미국이슬람관계협회CAIR의 니하드 아와드 국장은 "모자나 티셔츠라면 아무 문제가 없지만 신발에 '알라'라는 단어가 등장하면 이는 분명 신성모독에 속하는 일"이라고 선언했다. 이 신성모독 발언은 곧 인간의 의식 속에 깊이 자리한 신발 모독 선언이기도 하다. 문명화할수록, 종교적인 것이 될수록 인간의 발은 푸대접 받게 된다.

성聖과 속俗, 문화와 반문화의 그 갈등이 가장 상징적으로 나타난 것이 한국의 지혜紙鞋 또는 지이紙履라 부르는 종이신이다. 종이를 찢어 가늘게 꼬아 짚신처럼 지혜 한 짝을 만들려면 고서古書 한 권이 필요했다.

지혜는 고문헌古文獻을 없에는 문화 파괴의 상징으로, 지혜

미키마우스의 신발

금령紙鞋禁令까지 내려지지만 개화 전까지 그 풍습은 좀처럼 사라지지 않았던 것 같다. 파계破戒한 동승童僧이 사승師僧의 귀중한 경책經册을 뜯어 지혜를 삼아 신고 속세로 내려와 동네 작부들 바람 냈다는 어느 야사野史의 이야기처럼, 한국의 특이한 종이 신발은 성에 대한 속, 문화에 대한 반문화를 나타내는 보기 드문 실례를 보여준다.

그러한 발의 반문화성이 파워를 얻어 현대인에게 나타난 것이 바로 축구 열광이다. "직립 이래 인간에게 발은 늘 있되 언제나 잊혀져 있는 부분이었다. 그러나 발과 다리의 향연인 월드컵 대회는 '아름다운 발', '섬세하고 예민한 발'을 다시 보게 만들었다. 어머니인 대지를 딛고 선 성적 상징으로서 남자의 발이 얼마나 에로틱한가도 재발견됐다. 현대적 육체 속에 깃들어 있는 원시, 발, 그 오묘한 능력, 함축적 에로티시즘, 발을 갈고 다듬는 사람들의 정성과 욕망…"이라는 기사 한 줄에서도 우리는 축구와 발의 반문화적 관계를 잘 읽을 수 있다.

신발 한 짝 벗어놓고 달마는 서천행을 떠났고, 신데렐라는 궁전행을 했다. 인간은 이렇게 신발을 놓고 정반대의 꿈을 꾼다. 그러나 미키마우스의 꿈은 무엇인가. 미키마우스의 신발은 하늘에 뿌리를 둔 사람의 것도 아니고, 땅에 뿌리를 둔 사람의 것 또한 아니다. 미키마우스의 신발은 여태껏 우리가 보지 못했던 새로운 신발의 모형을 보여준다.

미키마우스는 디즈니의 첫 유성 만화영화 〈증기선 윌리 Steamboat Willie〉(1928)를 통해 소개된 뒤 3세대가 지난 오늘날까지 그 생명을 잃지 않고 여전히 인기를 누리고 있다. 패션이 바뀌고 가치관이 달라지는 동안에도 많은 사람에게 사랑과 꿈의 궁전을 만들어낸 미키마우스의 비밀은 대체 어디에 있는 것일까.

뜻밖에도 그가 신은 신발에 바로 그 비밀이 숨겨져 있다고 하면 과연 사람들은 그 말을 믿을 것인가. 그러나 그렇게 풀이하는 사람들이 있는 것이 사실이다. 그러고 보니 정말 자기 발보다 훨씬 큰 신발을 신고 있는 미키마우스의 모양이 웃음과 귀여움을 자아낸다. 그렇다. 우리는 그런 신발을 신고 다니는 아이들. 아니다. 우리가 어렸을 때 한 번쯤 경험해본 적 있는 것처럼 남몰래 아버지의 큰 신발을 신고 나와 놀던 바로 그 모습인 것이다. 아이들은 자기 발에 안 맞는 어른 신발을 왜 굳이 신고 다니려고 하는 것일까. 잘못하면 걸려 넘어질 수도 있고, 걷기에도 거북한 신발을 질질 끌면서 왜 그렇게 흡족한 웃음을 지었던 것일까.

미키마우스의 커다란 신발에는 자신의 작은 발로는 결코 다 채울 수 없는 헐렁한 공백이 있다. 이 공백이야말로 땅의 현실로는 다 채울 수 없는 하늘의 공간이 아니고 무엇이겠는가. 신발을 잃어버린 가위눌림 같은 그런 악몽이 아니다. 미키마우스는 아직 오지 않은 미래를 만들어내는 꿈과 창조적 사고를 그 공백 속에 숨겨두고 있다.

think 일곱

비어 있는 창조 공간

미키마우스의 신발은 신데렐라처럼 한 치의 틈도 없이 딱 들어맞는 신발이 아니다. 신발의 크기만으로는 결코 그것을 미키마우스의 신원증명으로 삼을 수 없다. 미키마우스의 신발은 규격에 의해 증명되는 것이 아니라 오히려 신고 남은 그 채워지지 않은 빈 공백의 크기에 의해 확인된다.

어울리지 않는 그 큰 신발은 더럽고 비겁하고 눈치만 보고 사는 한 마리의 생쥐에게 고양이를 제압하는 슈퍼 파워를 준다. 미키마우스의 발은 튼튼하게 땅을 딛고 있지만 동시에 발로 채울 수 없는 공백—그 하늘을 신고 있다.

고흐Vincent van Gogh가 그린 신발처럼 어른들의 신발은 닳고 찌그러지고 끈조차 풀려 있다. 하지만 아이들이 그 신발을 신고 골목 밖으로 걸어 나올 때 우리는 본다. 자연과 문명, 천한 것과 귀한 것, 그리고 구속과 자유의 대립을 넘어 새벽 들판의 푸성귀와 맑은 하늘이 함께 어깨동무하고 있는 광경을 본다. 미키마우스의 신발은 신데렐라의 유리 구두와 달리 외짝 짚신이 교차하는 데서 탄생한다. 뿌리를 하늘에 박고 사는가, 땅에 박고 사는가. 질문하지 마라.

미키마우스가 신은 치수 큰 아버지의 신발은 땅을 딛고 있으면서도 하늘의 구름 같은 허공을 끌고 다닌다. 신데렐라의 유리 구두에서 미키마우스의 신발로―그것이 21세기를 살아가는 우리의 생각 바꾸기, 신발 바꾸기다.

think 여덟

만리장성과 로마가도

누구나 이 세상에 태어났을 때는 짐승처럼 네 발로 기어 다녔다. 그러나 시키지도 않는데 아이들은 무릎을 깨면서 두 발로 일어선다. 기는 것보다 불안하고 위험한데도 왜 일어서서 두 발로 걸으려고 하는가. 세발자전거는 서너 살 먹은 아이들도 탈 수 있다. 바퀴가 세 개여서 쓰러질 염려가 없기 때문이다. 하지만 두발자전거는 어른이라도 타기 어렵다. 바퀴가 두 개여서 그만큼 불안전하고 위험도 크다. 그런데도 아이들은 세발자전거를 버리고 두 발 달린 자전거로 갈아탄다.

인간이 비행하는 데 가장 안전한 것은 엔진이 달리지 않은 글라이더다. 하지만 인간은 글라이더에 만족하지 않고 프로펠러가 달린 비행기와 제트기, 그리고 컴퓨터로 비행하는 초음속 제트수송기 SST, Supersonic Transport 같이 위험한 비행체를 만들어냈다. 발전한 비행기일수록 고장나면 곧바로 추락하고 만다. 인간은 안전보다 능률을 택한 벤처 동물이다. 네 발로

만리장성과 로마가도

기는 것보다 두 발로 일어서서 걷는 것이 빠르다. 점프가 가능하고 춤을 출 수도 있다. 세발자전거보다 두발자전거는 스피드가 있고 회전도 용이하다. 글라이더는 고장 날 엔진이 없어 안전하지만 절대로 초음속으로는 날 수 없다. 가장 위험한 비행기만이 가장 빠르게 날 수 있다.

거의 같은 무렵, 로마인은 '아피아' 같은 로마가도를 만들었고, 중국인들은 만리장성을 세웠다. 돌을 쌓아 성을 만드는 것이나 돌을 깔아 길을 만드는 것은 다 같은 토목 기술에 속한다. 로마가도의 돌을 세우기만 하면 만리장성이 되고, 만리장성의 돌을 눕히기만 하면 로마가도가 된다. 마음만 먹으면 로마인들도 만리장성을 쌓을 수 있었고 중국인들도 로마가도를 만들 수 있었을 것이다.

성은 방어를 위한 것이고 길은 공격을 위한 것이다. 소설가 시오노 나나미塩野七生의 증언대로 로마가 전 유럽을 식민지로 통치할 수 있었던 것은 현지에 군대를 주둔시키지 않고 언제고 필요할 때 파견할 수 있는 수송로를 만들었기 때문이다. 그러나 로마가도는 로마 군대만이 아니라 적들이 침공할 때도 똑같이 이용될 수 있는 위험성을 갖는다. 그런데도 로마

think 여덟

인들은 침공의 위험성보다 공격의 능률을 선택하고 거기에 희망을 걸었다. 로마가도와 만리장성. 똑같은 기술과 인력을 가지고도 한쪽은 공격용 가도를 만들고, 또 한쪽은 방어용 만리장성을 쌓았다. 이 생각의 차이와 한계가 로마인과 중국인의 서로 다른 역사와 문명을 낳게 했다.

얼마 전까지만 해도 어느 외국 총리가 정보기술을 의미하는 아이티 IT를 '이트'라고 읽어 (영어의 대명사 'it'으로 잘못 알아) 망신당한 일이 있었다. 그런데 벌써 IT는 흘러간 노래의 가사가 되고 그 말 뒤에는 악마의 꼬리처럼 '거품'과 '위기'라는 말이 붙어 다닌다. 미국은 말할 것도 없고 말레이시아는 사이버 법을 만들기 위해 200개 이상의 법률을 고쳤으며, 싱가포르는 연중 계속 사이버 법에 대한 개정을 논의하고 있다. 프라이버시 침해 사이버 범죄, 해커로부터의 정보 보호 등 여러 가지 이유로 가장 자유롭다는 사이버 공간에 만리장성의 돌벽이 쌓여간다.

무릎이 깨지고 피멍이 들어도 우리는 세발자전거를 버리고 두발자전거를 배웠다. 우리가 위태롭게 두 발로 일어설 때 돌상에 모인 어른들은 박수를 보내고 기뻐하지 않았던가. 벤처

리스트여! 쓰러진 자리에서 다시 일어서라. 어렸을 때 그랬던 것처럼. 자전거를 배울 때 그랬던 것처럼. 성이 아니다. 길이다. 생각을 바꿔라.

think 아홉

당신은 정말 거북선을 아는가

'배꽃 계집애 큰 배움집'은 한글 전용 문제로 세상이 한창 시끄럽던 때 유행했던 말이다. 물론 '이화여자대학교梨花女子大學校'를 순수한 우리말로 옮겨놓은 이름이다. 공처가를 '아내 무섬쟁이'라고 부르고 전화기를 '번갯불 딱따구리'라 부르자는 농담 같은 말들이 진지하게 국어 순화의 공식 기구를 통해 제시되던 때이니만큼 별로 놀랄 일은 아니다. 하지만 해묵은 이슈이지만 학교를 '배움집'이라고 하는 것이 과연 타당한 일이냐 하는 것은 생각해볼 만한 가치가 있다.

'배꽃 계집애'라는 말이 여성을 비하하는 말로 귀에 거슬린다면 '배꽃 아가씨'로 고쳐 부를 수 있지만 학교를 '배움집'이라고 하는 것은 단순한 어감 문제에서 끝날 이야기가 아니기 때문이다. 학교는 배울 학學 가르칠 교敎가 합쳐진 말로, 문자 그대로 배우고 가르치는 곳을 의미한다. 말하자면 학교는 가르치는 선생과 배우는 학생의 쌍방을 다 같이 아우르는 통합적 개념을 나타낸다.

학교는 가르치는 선생과 배우는 학생의 두 날개가 있어야만 비로소 비상飛翔할 수 있는 새다. 그렇기 때문에 그것을 배움집이라고 옮기면 배우는 날개만 남기고 가르치는 날개를 떼어버리는 결과가 되고 만다. 자기와 다른 쪽 날개를 가진 새를 발견하여 짝을 이룰 때까지는 하늘을 날 수 없다는 전설의 새, 비익조比翼鳥가 되고 만다.

이렇게 생각을 바꿔보면 그것은 한글 전용 문제가 아니라 바로 교육 철학과 그 방법에 속하는 문제임을 알 수 있다. 사실 아무리 배우고 가르치는 쪽 입장을 다 같이 아우르고 조화시키려고 해도 어느 한쪽으로 쏠리거나 어느 쪽 하나를 제거해버리거나 하는 것은 인간이 빠지게 되는 편향성이다. 그래서 학교라는 말은 선생, 학생을 다 같이 의미함에도 불구하고 막상 그 안에 들어가보면 학생들은 학실學室이 아니라 교실敎室에서, 그리고 학과서學科書가 아니라 교과서敎科書로 배우게 된다.

두말할 것 없이 교실은 가르치는 방이다. 그리고 교과서는 가르치는 책이다. 모두 선생의 입장에서 붙여진 일방적인 이름

think 아홉

이다. 그렇다고 학생의 입장에서 교실과 교과서를 학실, 학과서로 바꾼다고 해서 문제가 해결되지는 않는다. 가르치는 쪽에서 배우는 쪽으로 입장을 옮겨도 여전히 학교는 날지 못하는 비익조의 운명을 면치 못하기 때문이다. 학교처럼 쌍방을 통합하고 아우르는 것으로 그 균형과 조화를 만들어내려면 '학교실', '교학서'라는 신조어를 만들어내야 하고 또 그런 교육철학이나 사고 영역의 혁명이 일어나야만 한다.

교육 공간에 붙여진 말만 그런 것이 아니다. 교육 내용도 마찬가지로 편향성에서 벗어나지 못하고 있다. 자, 이런 교실, 이런 교과서에서 이순신 장군의 거북선을 어떻게 가르치고 있는지 어깨너머로 슬쩍 보기만 해도 쉽게 알 수 있다.

한국인치고 이순신 장군의 거북선을 배우지 않고 자라난 사람은 없을 것이다. 그러나 5000만 명 예외 없이, 아니 남북 다 합쳐 8000만 명의 한국인 모두가 거북선은 배웠지만 그 거북선과 싸운 일본 배에 대해서는 가르치거나 배운 적이 거의 없을 것이다. 교육이 배우는 사람과 가르치는 사람 사이에서 벌어지는 행위인 것처럼 전쟁 역시 양쪽 군 사이에서 펼쳐지는 싸움이다. '길고 짧은 것은 대봐야 안다'는 속담처럼 모든 승부는 상대적 평가에 의해서만 결판난다. 전쟁은 실체론이 아니다. 상대적 원리에 의해 생성되는 관계론인 것이다. '가위바위보'처럼 상대방이 무엇을 내느냐에 따라 나의 '주먹'이 결정된다. 주먹 자체는 변하지 않지만 상대방이 가위를 내면 이기고 거꾸로 보자기를 내면 진다.

못을 보면 그것을 박는 망치가 어떻게 생겼을지 짐작이 가듯 일본 배를 보면 그것을 친 거북선이 어떤 것이었는지 자연히 그 특성을 알 수 있게 될 것이다. 우리가 만약 거북선과 대적한 일본의 '아타케부네 安宅船'와 '세키부네 關船'라는 군선에 대해 자세히 가르치고 배웠더라면 300~400년 바닷속을 뒤져 그 잔해를 찾아다니지 않아도 거북선의 진실에 더 가까이 다가갈 수 있었을지 모른다.

아타케부네는 임진왜란 당시 일본 군함 중에서 가장 큰 배이고, 작은 것은 세키부네라고 불렀다. 아타케는 한자 의미 그대로 매우 튼튼하고 안전하다는 뜻이라고 주장하는 사람도 있고, 일본 지명 안택포 安宅浦에서 유래했다는 주장도 있다. 아타케는 이세형 伊勢船型과 후다나리형 二成船型 두 종류가 있는데, 이세형은 한국의 전통 배처럼 뱃머리가 평평하고, 후다나리형은 뾰족한 구조로 된 것이 특징이다. 아타케부네는 무로마치 시대 후기에서 에도 시대 초기까지 일본에서 널리 사용된 군선 가운데 하나다. 몸집이 크고 중후한 무기로 무장하고 있기 때문에 속도는 느리지만 전투 시 수십에서 수백 명의 전투원들이 탈 수 있었다. 큰 것은 길이가 50m 이상, 폭이 10m가 넘는 거대한 배인데, 구키 요시다카九鬼嘉隆가 타고 온 아타케부네는 한국에서 '니혼마루'라고 불리며 거체를 자랑했다. 원래 아타케부네는 견명선遣明船으로 사용되었던 것으로, 작은 것은 쌀 500석에서 큰 것은 1000석 이상까지 실을 수 있는 배다. 큰 아타케는 2층에서 4층까지 누각이 세워져 있어 '해상의 성'이라고까지 말해졌다.

일본의 해군 전술은 왜구倭寇들의 전법을 모델로 한다. 원래 해적은 화공법을 사용하지 않는다. 불이 나 타버리거나 침몰하면 빼앗아온 물건도 공염불이 되고 말기 때문이다. 그래서 아무리 어리석은 해적이라고 할지라도 상대편 배에 올라타 나포하는 전략을 쓴다. 해적이 아니라도 육전에 능한 군대들은 모두 근접전으로 상대편 배에 올라 싸우려고 한다. 로마가 카르타고 해전을 할 때 '까마귀'라고 부르는 기상천외한 신병기를 사용한 것도 적선에 올라 상대방을 공격하기 위한 전략에서 나온 것이다.

해적이나 로마군 같은 전술을 사용하여 한국의 배를 치려고 한 것이 바로 임진왜란 때의 해적 전법을 토대로 만들어진 일본 수군의 전술이요, 그 배였다. 일본의 배가 어떻게 생겼는지, 그들의 해전 전법이 어떤 것인지는 환상처럼 전해오는 거북선보다 훨씬 더 쉽고 정확하게 알아낼 수 있다. 도요토미 히데요시豊臣秀吉가 영주들에게 만들게 한 '아타케'나 '세키' 전선의 기능과 그 구조에 대한 자세한 기록들을 얼마든지 얻을 수 있기 때문이다.

멀리까지 갈 것 없이 일본 사학자 가다노 쓰기오片野次雄의 임진왜란에 대한 역사소설 수준의 자료만으로도 거북선을 일본 배의 관계 문맥으로 새롭게 읽을 수 있다.

일본의 중형 전투선은 두꺼운 합판을 우물 정井 자 모양으로 쌓아 올려 그 위에 지휘탑을 설치하였다. 그뿐 아니라 측면에는 두께 2~3촌寸 정도의 녹나뭇과나 무궁화과 나무의 합판을 줄지어 세워놓았다. 두께 8cm, 길이 1.5m 정도의 합판을 배의 측면에 둘러놓았다고 생각하면 될 것이다. 이것은 방패판이라고 하여 적의 화살이나 탄환의 공격으로부터 보호해주는 것이다. 이 방패판에는 총포나 석궁을 쏘기 위한 구멍을 만들어놓았고, 그 하단부는 바깥쪽으로부터 경첩을 이용하여 고정시켜놓았다. 즉, 이 방패벽(다테이다. 立板)은 배의 바깥쪽으로 넘어지게 되는 구조로, 적의 배와 근접전을 할 경우 그 방패벽이 적선으로 건너가는 다리 역할을 하도록 고안해놓은 것이다.

다른 것은 무시하고 강조한 부분만 읽어봐도 어째서 이순신 장군이 나대용을 시켜 종전의 판옥선을 급히 거북선으로 개조했는지 짐작하게 한다. 아타케나 세키 같은 중형 전투선에 설치한, 경첩을 단 두꺼운 판자벽은 앞에서 말한 로마 군선에 단 까마귀의 신병기 같은 역할을 하는 장치다. 시오노 나나미의 증언을 들어보자.

> 까마귀는 항해 중에는 뱃머리와 가장 가까운 돛대에 로프로 고정되어 있는 일종의 잔교다. 뱃머리부터 적선에 접근하면 돛대에서 풀려난 까마귀는 적선 갑판으로 떨어진다. 까마귀 끝에 붙여놓은 날카로운 철제 갈고리가 낙하할 때의 힘으로 갑판에 꽂혀 고정된

다. 로마 병사들은 이 다리를 통해 적선으로 물밀듯 쏟아져 들어간다. 항해술에 자신이 없는 로마인들은 이 까마귀를 이용하여 해상 전투를 육상 전투로 바꾸려고 생각한 것이다.

think 아홉

이순신의 승리는 소프트웨어의 승리

그렇다. 바로 그것이다. 이순신 장군과 대적한 일본 장수 구키 요시다카가 이끄는 일본 수군들은 카르타고와 싸웠던 로마 군대처럼 해상 전투를 육상 전투로 바꾸려고 한 것이다. 경첩이 달린 아타케의 판자벽들은 로마 군선에 장치된 까마귀처럼 상대방에게 접근하면 다리로 바뀐다. 들판에서의 칼싸움에 능한 일본의 사무라이들은 물 위에서는 약하나 상대방 배에 올라타기만 하면 천하무적의 자신감을 갖게 된다.

그러니까 반대로 그들을 배 위에 올라타지 못하도록 한다면, 아타케의 상륙전처럼 경첩 달린 그 판자벽의 다리를 무력하게 한다면 그들은 이빨 빠진 호랑이가 되고 만다. 그것이 바로 왜병이 등선하지 못하도록 판옥선에 철첨鐵尖(쇠꼬챙이)이 박힌 귀갑 모양의 뚜껑을 덮은 거북선이었던 셈이다. 거북선을 처음 본 왜병들이 배 위에 오르지 못하고 우왕좌왕하다 혼란 끝에 자면하는 장면이 일본 측 기록들에 선명히게 니디니 있다.

일본 배에 대해서는 이미 신숙주의 자세한 보고와 그것을 기록해놓은 것이 있어서 이순신 장군은 일본 배와 그들의 왜구식 전법에 대해 익히 알고 있었을 것이다. 일본 배는 근해에서만 돌아다니는 선박이어서 원래부터 선체가 약했을 뿐만 아니라 배의 외벽 부분을 만들 때 나무와 나무 사이를 연결한 부분에 마키하다라는 것을 방수제 대신 끼워 넣어, 외부의 충격에 약한 허점을 갖고 있었다. 따라서 묵직한 우리 배, 특히 거북선이 당격撞擊하면 금방 선체가 깨져 침몰하도록 되어 있었다. 이렇게 임진왜란 때의 일본 배와 그 전략을 알게 되면 거북선은 일본의 근접전을 피하는 방패 역할과 동시에 놋토리 전법(배를 상대방 배에 가까이 붙인 다음, 상대방 배에 올라타 싸우는 전법)을 역이용하여 공격하는 날카로운 창이기도 했음을 알 수 있다. 그러고 보면 이순신 장군의 승리는 거북선의 하드웨어적 발명보다 왜군의 전법에 대응한 소프트웨어의 전술적 산물이며 그 승리라고 볼 수 있다.

거북선을 실체론으로 보지 않고 관계론으로 생각의 틀을 바꾸면 새로운 사실들, 진정한 이순신 장군의 위대함이 드러난다. 거북선의 발명가로서의 이순신 장군이 아니라 전술 전략가로서의 이순신 장군, 하드웨어가 아니라 소프트웨어의 승리로 새로운 전쟁의 의미가 떠오른다.

한마디로 이순신 장군은 우리에게 거북선을 발명한 과학자로서, 백의종군한 애국애족의 성웅으로서, 그리고 시조 시인이요 『난중일기』를 쓴 문사로서 다양하게 인식되어왔다. 하지만 지금 우리가 이순신 장군을 통해 진정 배워야 할 것은 실체론적 사고를 관계론적 사고로, 하드웨어적 발명을 소프트웨어적 발견으로 그 생각을 바꿔 나가는 것이다.

일본의 도고 헤이하치로東鄕平八郞 원수가 러시아의 발틱 함대를 칠 때 사용했다는 T형 전법은 다름 아닌 이순신 장군이 일본을 격파한 학익진鶴翼陣을 그대로 모방한 것으로 알려져 있다. 쉽게 말해, 적함이 좁은 해협을 지나기 위해 일렬종대로 들어올 때 그 앞에서 횡대로 맞서 공격하면 아무리 적함의 수가 많아도 소수의 배로 적선을 격파할 수 있다는 전술이다. 양측 함대가 T자 모양으로 대치해 싸우기 때문에 아군이 5척이고 상대가 20척이라고 해도 학익진 대형의 T형 전법을 쓰면 5 대 20이 아니라 5 대 1로 전세가 바뀌게 된다.

도고 원수가 발틱 함대를 격파하고 영국을 방문했을 때 사람들은 그를 일본의 넬슨이요 이순신이라고 칭송했다. 그러나 도고가 전첩 축하의 자리에서 어째서 다음과 같은 답사를 했는지 사람들은 그 이유를 잘 몰랐을 것이다.

> 불초 도고는 혹은 넬슨 제독에 비유되고 혹은 이순신 장군에 비견하여 칭찬받고 있지만 그것은 분에 넘치는 광영입니다. 더욱이 넬슨은 몰라도 이순신 장군과 비교되는 것은 당치도 않습니다. 불초 도고 같은 존재는 이순신의 발밑에도 이르지 못하는 사람입니다.

눈물이 나오는 대목이다. 도고의 진솔한 고백이나 이순신 장군의 위대함 때문이 아니다. 거북선이나 학익진은 이순신 장군 개인만의 것이 아니다. 그것은 한국인이 가지고 있는 슬기요 한국인의 철학의 틀에서 생겨난 것이기 때문이다. 도고가 그의 발밑에도 이르지 못한다고 한 이순신 장군의 위대성은 바로 사물을 바라보고 생각하는 그 틀이 한국 문화 깊숙이 박혀 있는 상대성의 원리, 그리고 관계론적 사고의 틀에서 나온 것이라고 할 수 있다.

think 아홉

상대성 원리, 그리고 관계론적 사고의 틀

토박이 우리말을 보면 안다. 세계 어느 나라 말보다 쌍방향성이나 상대적 대립물을 한데 어우르는 통합력을 나타내주는 말이다. 거짓말인지 아닌지 아이들에게 "어머니 어디 가셨니?"라고 한번 물어보라. 만약 그 아이가 미국 아이라면 "맘 이즈 아웃Mom is out"이라고 할 것이다. 같은 아시아 사람이라도 일본 아이는 "외출外出했다"고 할 것이고 중국 아이는 "출문出文" 혹은 "출외出外", "출거出去"라고 할 것이다. 오로지 우리 아이들만이 "나들이 가셨습니다"라고 할 것이다. 나들이는 '나가고 들어가는 것'의 준말이다. 다른 아이들은 일방통행적인 것으로 보는데, 우리나라 아이들은 어머니가 들어오기도 전에 나가고 들어왔다고 겹시각으로 말한다.

또 하나의 예로, 서랍이라는 말도 어느 나라에서나 모두 '빼는 것'이라는 의미로 쓰인다. 영어의 '드로어Drawer'가 그렇고 일본의 '히기다시引き出し'가 그렇다. 중국도 예외가 아니다.

그들은 서랍을 밀어낸다는 뜻으로 '추체抽屜'라고 한다. 우리만 빼고 닫는 서랍의 쌍방향성, 그래서 '빼닫이'라고 한다. 그런데 어쩌다 우리는 학교를 '배움집'이라고 하는 것이 우리말이요 순수한 우리 생각을 나타내는 말이라고 여기게 되었는가. 거북선을 가르치고 배우면서도 그와 싸운 일본 배에 대해서는 가르치고 배우려 하지 않는가. 실체론에서 관계론으로 다시 생각을 바꿔야 하는 시대가 우리 가까이 다가오고 있다.

think 열

국물 문화의 포스트모던적 발상

자장면과 스파게티를 합쳐 '짜빠게티'라는 인스턴트 식품이 등장한 적이 있다. 자장면은 중국 음식이고 스파게티는 이탈리아 음식이다. 그러나 스파게티의 역사를 살펴보면 결코 그것이 이탈리아의, 더구나 서양의 고유 음식이 아니라는 것을 알 수 있다.

다 알다시피 서양의 면麵 문화는 마르코 폴로Marco Polo로부터 비롯된 것으로, 그 고향은 중국이다. 거기에 그 주류를 이루는 스파게티의 토마토 소스는 남미의 산물이다. 그러고 보면 이탈리아를 상징하는 스파게티에서는 막상 이탈리아 문화가 보이지 않는 아이러니가 있다.

그러나 스파게티는 역시 이탈리아의 맛이요, 서양 문화가 키운 요리다. 스파게티는 같은 면 문화이면서도 우리의 국수와 본질적으로 다른 것은 국물이 없다는 점이다. 그렇기 때문에 스파게티를 담는 그릇은 접시나.

국물 문화의 포스트모던적 발상

우리는 스파게티처럼 국물이 없는 면 요리인 자장면도 국물이 있는 음식을 먹을 때처럼 사발에 담아 젓가락으로 먹는다. 그러나 같은 면인 스파게티를 먹을 때는 육식을 할 때처럼 포크를 사용한다.

think 열

국수와 스파게티

사람이 살고 있는 이 세상에는 수백 수천의 요리와 제각기 다른 맛이 있지만 그것을 차이 나게 하고 체계화하는 것은 그 요리의 소재나 맛보다 그것을 담고 먹는 방법에 의해 결정된다. 이러한 음식 문화의 본질을 가장 먼저 꿰뚫어본 사람은 이솝Aesop이다.

심술궂은 여우가 황새를 초대해놓고 모든 음식을 납작한 접시에 담아 내놓는다. 황새는 부리가 길어 접시에 담긴 음식을 보기만 하고 여우 혼자 그것을 다 먹어치운다. 앙갚음을 하기 위해 이번에는 황새가 여우를 초대한다. 그러고는 모든 음식을 병처럼 목이 좁은 항아리 속에 담아 내놓는다. 황새는 긴 부리로 음식을 찍어 먹을 수 있었지만, 여우는 구경을 할 수밖에 없었다.

이 우화에서 보듯 모든 음식은 접시에 담는 여우형 음식과 항아리에 담는 황새형 음식의 대립항으로 나눌 수 있다. 서

국물 문화의 포스트모던적 발상

양 사람들은 스파게티를 포크로 돌돌 말아 고기처럼 덩어리를 만들어 먹는다. 선이 입체로 바뀌는 것이다. 같은 면이라도 서양 음식은 대개 접시에 담는 여우형 음식으로, 국물이 없다. 그러나 우리의 음식은 황새형으로, 항아리처럼 움푹 팬 사발에 담는 음식이 주종을 이룬다. 국물이 많기 때문이다.

여러 사람들이 지적하듯 우리의 음식 특성은 탕이다. 그런데 이 탕 문화를 기호학적으로 말하면 탈脫코드적 음식이라고 할 수 있다. 탕은 국과 밥의 혼합으로, 유동식과 고체식의 경계를 파괴한 음식이기 때문이다. 탕뿐만 아니라 우리의 음식에는 거의 예외 없이 국물이 있다.

우리의 김치, 깍두기에 해당하는 일본의 '오신코お新香'와 '다쿠앙澤庵(단무지)'에는 물기가 전혀 없다. 없는 것이 아니라 국물을 씻어내고 건더기만 남긴다. 우리의 경우에는 발효 과정에서 국물이 생기면 그것을 버리지 않고 오히려 그 국물을 이용해 맛을 살린다.

불필요한 것, 부수적인 것, 잉여적인 것을 제거하지 않고 포섭한다. 그렇기 때문에 국물 김치가 아니라도 김치, 깍두기에는 국물이 꼭 따르게 마련이다. 무엇보다 "국물도 없다"는 말이 욕으로 쓰이는 것을 보더라도 한국인의 '국물 문화'가 어떤 것인지 짐작할 수 있다.

그렇기 때문에 같은 젓가락 문화권에 속해 있으면서도 유독 우리만 젓가락과 함께 숟가락을 겸용하는 이른바 '수저 문화'의 특성을 만들어내게 된 것이다. 수저란 숟가락과 젓가락을 한데 묶은 복합어인 것이다.

밥과 국, 건더기와 국물이 함께 뒤섞여 있는 탈코드의 음식 문화는 바로 음식이라는 말 그 자체 속에도 들어 있다. 음식의 '음飮'은 마시는 것이고 '식食'은 먹는 것이다. 같은 한자 용어를 많이 쓰는 일본에서는 음식이라는 말을 쓰지 않는다. 그들은 음식을 '다베食모노物'라고 부른다. 말만 그런 게 아니라 실제로 국물을 떠먹는 숟가락도 없다.

국물은 숟가락으로 떠 마시고 건더기는 젓가락으로 집어 먹는다. '음'이 '음陰'이라면 '식'은 '양陽'인 셈이다. 숟가락이 음이라면 젓가락은 양이다. 존재하는 모든 것에는 빛과 그늘이 있다. 그것처럼 음식의 국물은 음식의 그늘이라고 할 수 있다.

이 음식의 탈코드화로 한국에서는 도시락이 발달할 수 없었다. 아마 70대가 넘은 사람들이라면 도시락을 싸 들고 학교를 다니다 그 반찬 국물에 공책은 물론이고 책보까지 흥건하게 젖었던 난감한 기억을 갖고 있을 것이다. 바로 이 국물 때문에 한국은 물론이고 동양에서는 패스트푸드나 인스턴트 음식 산업이 어려워진다. 이 분야에서 세계를 제패한 미국의 맥도날드햄버거는 철저하게 국물을 배제한 서양 음식의 특성에서 비롯한 것이라고 할 수 있다.

패스트푸드의 감초라고 할 수 있는 감자튀김 역시 물기가 많은 우리의 감자로는 제 맛을 내지 못한다고 한다. 이 바삭바삭한 음식, 사발이 아닌 그 접시 음식의 맛은 싸 가지고 다니거나 즉석에서 만들어 먹기에 알맞다.

think 열

포스트모던 시대의 국물 문화 발상법

정보 이론에서는 국물을 '노이즈noise(잡음)'라고 한다. 서구 문화와 문명, 그리고 모든 이념을 한마디로 요약하면 국물 없애기(미각 문화), 그림자 없애기(시각 문화), 노이즈 없애기(청각 문화)라고 할 수 있다. 이를테면 스파게티처럼 면에서 물기를 제거하는 요리술이었다고 할 수 있다.

노이즈가 없어야 접시에 그 음식을 담을 수 있다. 서양 음악의 기저를 이루어온 것은 음악으로부터 노이즈를 제거하는 작업이었고, 악기의 발전이란 철저하게 노이즈를 방지하는 기술에서 이루어져왔다. 그러나 우리의 음악은 노이즈를 제거하지 않고 오히려 그것을 당연한 것으로 받아들여 음악의 일부로 이용하는 데 그 특성이 있다고 할 것이다. 창에서는 쉰 듯한 목소리의 탁성濁聲이, 그리고 가야금에서는 여운을 흔들어주는 농현弄絃이 그렇다.

듣는 쪽도 마찬가지다. 서양 음악이 연주될 때 관중은 기침

한 번 없이 숨을 죽이고 앉아 있다. 그러나 우리의 음악은 정반대로 연주 도중에 추임새를 던지기도 하고, 창을 하는 사람이 고수와 농을 하기도 한다. 노이즈를 끌어들이는 것이 연희 형식의 하나로 되어 있다.

악기도 그렇다. 우리 악기의 상징이라고 할 수 있는 장구는 모양도, 소리도 기하학적 대칭형에서 벗어나 있다. 좌우가 같은 것처럼 보이지만 그 크기와 울리는 소리가 각기 다르게 되어 있다. 손으로 치는 왼쪽은 말 가죽이고 채로 치는 오른쪽은 소 가죽으로 되어 있기 때문이다. 북에는 으레 양면이 있게 마련인데, 장구처럼 그것이 서로 다른 소리를 내게 돼 있는 것은 아마 장구밖에 없을 것이다. 가죽만 다른 것이 아니라 치는 법도 다르다. 한쪽은 채로, 또 한쪽은 손으로 쳐서 그 울림에 국물(노이즈)을 섞는다.

그래서 장구는 귀로 먹고 마시는 탕이며, 그 양면을 치는 것은 수저의 역할과도 같다. 흔히 서양 음악은 맥박이요 우리의 국악은 호흡이라고 하는 것도 이러한 관점에서 보면 쉽게 이해된다.

think 열

'버섯' 다음에 오는 '음악'

포스트모더니즘의 시조인 존 케이지John Cage는 음악을 노이즈로 펼쳐간 작곡가로 유명하다. "전통적 음악 이론은 폐쇄적인 악음에 관한 연쇄적 규칙으로 이루어져 있어 잡음에 대해서는 아무것도 말하지 않고 있다"는 것이다. 그러므로 케이지가 필요로 하는 것은 '잡음이나 잡음의 비합법성에 토대를 둔 음악'이었다.

구체적으로 그 잡음(노이즈)을 먹는 것으로 표현하면 케이지의 그 유명한 버섯이 된다. 케이지는 "대부분의 영어 사전에서 버섯Mushroom은 음악Music 앞에 나온다"고 했다.

버섯과 음악의 이 같은 관계는 우연한 알파벳 순서에서 비롯되는 것이다. 그러나 생각해보라. 시골 쥐를 쫓은 잡음이야말로 우연한 것 아니었는가. 노이즈는 우연의 요소이며 하나의 시스템이나 질서를 별개의 것으로 변형해주는 힘이었다는 것을 우리는 이미 세르의 경우에서 읽었다. 미셸 세르Michel Serres

는 저서 『헤르메스Hermes』에서 "태초에 혼돈이 있었다. 오늘날은 혼돈을 잡음, 본질음이라고 말한다. 잡음이 아니라면, 어디에서 말이 생겨날 수 있겠는가"라고 역설한 바 있다.

실제로 케이지는 작곡이나 연주상의 혁신에서 우발성이나 불확정성을 도입하는 방법을 많이 쓴다. 버섯은 고목이나 부식물 위에 기생하는 균류菌類다. 버섯은 먹을 수 있는 것도 있고 독이 있는 것도 있어서 인간의 목숨을 앗아가기도 한다. 그것은 먹이의 노이즈인 셈이다. 또한 잡음처럼 '결정 불능의 것'이다.

자신이 뉴욕버섯학회 창시자이기도 한 케이지는 "버섯에 대해 알면 알수록 그것을 식별하는 자신감이 흐려진다. 하나하나가 모두 다르기 때문이다. 모든 버섯은 각자 다 독창적인 것이며 자기가 그 중심이다. 버섯의 전문가란 있을 수 없다. 버섯은 언제나 인간의 지식을 배반한다"고 말했다.

 같은 버섯인데도 어느 사람이 먹으면 괜찮은 것이 다른 사람이 먹으면 독이 있어 죽을 수도 있다. 포스트모더니즘의 이론가인 그레고리 울머Gregory Ulmer는 우연과 끝없는 변화를 일으키는 이 기생식물을 자크 데리다Jacques Derrida의 파르마콘

Pharmakon과 어깨동무시키고 있다. '약'과 '질병'이라는 뜻을 동시에 가지고 있는 파르마콘처럼 케이지의 버섯은 파르마콘의 식물판인 것이다.

그것은 "이미 철학적 대립 체계 가운데 포함시킬 수 없는 것이면서도 그 대립 속에 살면서 그것에 저항하고 그 질서를 혼잡스럽게 하는 것이다. 그렇다고 해서 그것은 어떤 제3의 것을 구성하지도 않는 것이다."

잡음이 그러했듯 버섯은 진리가 아니라 변화를 상징한다. 끝없이 어떤 체계를 중단하고 탈구축하는 힘이다. 궁극적으로 이 결정 불능의 기생물은 경쟁의 종언과 협력에 관한 공생의 테마를 낳는다. 나무는 그 뿌리 사이에서 자라는 버섯으로부터, 즉 버섯이 담당한 분해 과정의 결과 용해된 양분을 흡수하는 방식으로 이익을 얻는다. 나무와 버섯은 공생하는 것이다.

버섯의 그 분해 작용은 때로는 술이나 빵을 만들 때 이용되는 이스트의 발효 작용처럼 공생적인 관계를 이루고 그 생존은 지속되어간다. 서구의 낡은 사고 체계와 붕괴해가는 산업 문명의 폐허는 버섯에 의해 해체되고, 지속되고, 거듭나는 것이다.

국물 문화의 포스트모던적 발상

한국의 식객 문화

세르의 파라지트Parasite(기생충, 잡음)나 케이지의 버섯 이론에 대해 우리는 결코 주눅 들어서는 안 된다. 이미 우리는 포스트모던화의 몸부림이 아니라 전통적인 생활을 통해 그 기생의 연쇄와 잡음의 효용을 토대로 살아왔기 때문이다.

모든 음식물에 부수되는 파라지트는 그 음식의 국물이라는 것과, '국물도 없다'는 말이 욕이 되는 한국인의 의식은 이미 살펴본 대로다. 세르의 '기식 연쇄의 세계 시스템'은 이론으로 존재하는 것이 아니라 우리에게는 하나의 생활 문화 자체의 체계 속에서 숨 쉬어왔던 것이다.

식객 문화라는 것이 바로 그렇다. 3000명의 식객을 거느린 맹상군이 아니더라도 우리의 생활 의식 속에서 식객이라는 존재는 귀중한 비중을 차지한다. 사랑이나 동네의 정자 나무는 식객을 위한 공간이다.

문전에서 "이리 오너라" 하고 큰기침을 하는 식객들의 잡음은 끝없이 굳어가려는 가정 체계에 도전해 변화를 일으킨다. 세르의 파라지트는 일방통행적인 것이지만 한국의 식객 문화는 때로는 풍문을, 때로는 시화詩畫를 교환한다.

식객은 김삿갓처럼 풍자적인 웃음 스캔들, 그리고 아름다운 예술을 놓고 떠난다. 그래서 도시 쥐와 시골 쥐는 기식에서 공생으로 발전한다. 김삿갓은 식객이며, 버섯이며, 잡음이었다.

김삿갓이 아니더라도 우리의 생활 문화에서 식객은 부정의 요소가 아니라 적극적으로 포용하고 흡수해야 할 요소로 작용했다. 이규태 칼럼의 한 대목을 읽어보자.

> 우리의 옛 조상들은 3덕三德이라 하여 식구 수에 세 명 몫을 덤으로 얹어 밥을 짓고 찬도 꼭 먹을 분량에서 덤을 얹어 만드는 것이 부덕婦德이 돼 있었다. 지나가는 행인이나 걸인이 찾아올 수도 있고, 어렵게 사는 이웃들이 갖다 먹을 수 있게 하기 위해서다. 옛날 농촌이 그토록 가난했으면서도 각박하지 않게 살아날 수 있었던 것은 조상님들의 3덕 때문이었다 해도 대과는 없다.

식객이 아니더라도 상물림이라는 한국 특유의 식사 매너도 기생 연쇄를 법칙화한 것이다.

> 전통 사회에서는 가장이 먹고 난 밥상을 안식구들이 물려 먹고, 안식구들이 먹고 나면 종들이 물려 먹었으며, 종들이 먹고 나면 구정물통에 모아져 개나 돼지에게 물려 먹였다. 옛날 관청에서도 여섯 명의 하인들이 들어야 하는 대감 점심 밥상을 들이면 판서와 참판이 먼저 먹고 나서 이를 물리면 참의와 정랑, 좌랑이 먹었다. 그 상을 다시 아전들에게 물리고 다시 종들이 물려 먹었던 것이다. 윗사람은 상물림을 배려해 찬을 남기는 것이 도리요, 아랫사람은 그것을 다 먹어치우는 것이 예의였다.

이러한 생활 문화를 철학적 경지와 종교적 위상으로 발전시킨 것이 우리가 믿고 살아온 상생相生의 사상이라고 할 수 있다.
서구 산업사회의 근대 문명 시스템에서 보면 우리의 전통 문화 자체가 하나의 노이즈일 수 있다. 이 노이즈를 버리지 않고 근대 시스템에 끌어들일 때 그 시스템 자체가 변화를 일으키고 뜻하지 않은 새로운 시스템으로 변모해갈 수 있다. 21세기란 바로 그러한 세기인 것이다.

think 열하나

전통 물건에 담긴 한국인 생각

문풍지·한복 : 융통성

같은 동아시아권 문화에 속하면서도 한국과 일본은 정밀함에서 대립을 보인다. 한국에서는 적당히 문을 짜서 달기 때문에 틈이 생기면 문풍지로 막는 융통성을 발휘한다. 이는 한 치, 두 치를 꼼꼼히 따지는 정확성보다는 융통성에 중점을 두기 때문이다. 그러나 일본에서는 똑같이 창호지로 바른 문을 사용하지만 우리처럼 문풍지라는 것이 없다. 문을 닫으면 한 치의 오차도 없이 꼭 들어맞도록 되어 있기 때문이다.

한국의 바지, 버선, 그리고 되질, 말질 등은 모두가 정확한 치수를 무시하는 경향이 있다. 한국의 멋이라는 것이 어느 면에서는 약간의 '비규격'을 지향하고 있는 것이라고 할 수 있다.

말하자면 한국의 문화는 무엇이든 재고 따지고 계산하는 자의 문화와 양극을 이루는 특성을 지니고 있다.

서양의 양복바지를 입어보면 기능주의, 합리주의라는 것을 몸으로 느끼게 된다. 정확하게 허리둘레의 치수를 재어 허리춤에 꼭 맞도록 만든다. 스커트의 경우도 길이는 유행에 따라 달라지지만 허리춤만은 꼭 맞도록 계산되어 있다. 이 정확한 치수 개념은 인간이 달나라에까지 갈 수 있게 한 과학기술의 기본이다.

반면, 한복 바지를 만든 전통적인 한국인의 눈으로 보면 서양 사람의 양복바지처럼 불편한 것도 없다. 원래 인체의 허리 부분은 밥 먹을 때 다르고 굶었을 때 다르며, 건강할 때 다르고 병을 앓고 있을 때 다르다. 아무리 치수를 정확하게 재서 만든 옷이라도 사람의 몸은 물질이 아니라 생체이기 때문에 정확히 자로 잴 수 없는 것이다.

서양의 양복바지는 조금만 몸이 불어도 허리가 죄여 불편하고, 몸이 약간 축이 나도 곧 흘러내려 거북하기 마련이다. 그러나 한복 바지는 자로 재지 않고서도 편하게 입을 수 있도록 미리 디자인되어 있다. 품이 넉넉해서 풀어 입을 수도 있고 조여 입을 수도 있다. 옷과 인간이 언제든지 융통성 있게 하나가 될 수 있는 것이다. 치수가 잘못되면 사람이 옷에 몸을 맞추어야 하는 주객전도의 양복 문화, 그것이 인간 소외 현상을 낳는 것이라면, 넉넉한 한국의 허리춤은 끝없이 인간을 감싸주는 융통성 있는 문화의 상징이다.

think 열하나

지게 : 자연과 기술의 조화

우리가 운반 도구로 개발한 가장 독특한 기술이 지게다. 지게는 '지다'에서 나온 말이다. '덮다'에서 덮개란 말이, '베다'에서 베개란 말이 생겨난 것과 같다. 그러니까 지는 도구가 바로 지게인 셈이다. 외국에는 지게라는 것이 없다. 그래서 미국 사람들은 그것을 보고 'A 프레임'이라고 불렀다. 생김새가 알파벳의 A 자처럼 생겼기 때문이다. 그들은 무엇을 질 때 대개는 그냥 맨 어깨에 메거나 등에 졌다. 질 때 사용하는 도구가 없었기 때문이다.

아무리 복잡하고 고도한 발명품이라 해도 인류가 만든 운반 도구는 두 개의 동사로 요약할 수 있다. 하나는 '지다'이고 또 하나는 '끌다'이다. 그리고 '지다'에서 생겨난 것이 멜빵이고 '끌다'에서 비롯된 것이 바퀴이다. 바퀴 문화는 기차가 되고 자동차가 되고 이윽고는 비행기나 로켓으로까지 발전해갔지만 모르면 몰라도 멜빵 문화를 완성시킨 것은 한국의 지게 이상의 것이 없을 것 같다.

지게의 특성은 자연과 기술의 공존에 있다. 아무런 도구 없이 그냥 짐을 지고 가는 것을 자연적인 것이라 하고, 바퀴가 달린 것을 운전하는 것을 인공적인 것으로 보면, 지게는 그 중간적인 존재다.

지게는 자연의 바탕을 인공적으로 개발해 조화시키는 유가적 문화 원형인 '중용中庸'에 뿌리를 두고 있는 것이라 할 수 있다. 작대기나 지게 자체는 자연물을 그대로 이용하되 약간 가공한 것이다. 이것은 바퀴처럼 기능을 위해 추상적으로 만들어진 형태가 아니라, 자연을 모델로 하여 거기에서 새로운 기능을 추출한 도구다.

지게를 찬찬히 살펴보면, 지게 발도 작대기도 모두 V 자형 나뭇가지의 원리를 받침대로 응용하고 있음을 볼 수 있다. 자연 그대로의 형태를 살려 약간 손질한 한옥의 서까래와 기둥도 그렇고, 나무절구나 숫돌 모양도 그렇다. 한국인의 도구와 기술에는 의도적·비의도적으로 자연과 문화의 중간지향적 성격을 띤 것들이 많다.

특히 지게는 지렛대의 원리를 응용한 것으로 좌우의 무게가

think 열하나

조금이라도 균형이 깨지면 아무리 가벼운 것이라도 짊어질 수 없다. 반대로 균형만 맞으면 자기보다 몇 배나 무거운 짐이라도 운반할 수 있다. 생체와 도구가 하나의 균형과 리듬에 의해서 기능을 갖게 되는 조화의 기술인 것이다.

전통 물건에 담긴 한국인 생각

병풍 : 신축성

서구의 근대 문명은 자아를 중심으로 한 개인주의에 그 토대를 두고 있다. 그러므로 그들의 문화는 벽과 불가분의 관계를 맺게 된다. 즉, 자아의 문화란 너와 나를 구별하는 방벽防壁과 도시와 도시를 분리하는 성벽城壁의 문화라 할 수 있다. 벽을 어떻게 튼튼하게 쌓느냐 하는 그 이상理想을 가장 완벽하게 실현시킨 것이 사면이 벽으로 된 지하실 구조다. 사생활을 중시하는 풍습, 타자를 배제하는 감시의 형벌 문화, 창조적인 예술 창작 등이 모두 지하실과 같은 폐쇄된 공간에서 비롯되었다.

그러나 한국을 비롯한 동양문화권의 시인, 묵객들은 두꺼운 벽이 아니라 병풍을 둘러치고 창조 작업을 하였다. 병풍은 가장 가볍고 신축성 있는 벽으로, 펴면 벽이 되고 접으면 공간이 하나로 통합된다. 에드거 앨런 포Edgar Allen Poe의 『검은 고양이』에서 보는 것 같은 이중으로 싼 지하실의 그 두껍고

음산한 얼룩진 벽과는 근본적으로 다르다. 병풍은 인류가 발견한 가장 아름답고 밝고 가동적인 벽이라고 할 수 있다. 병풍의 가동성과 신축성은 한국을 비롯한 동양적 기술의 원형이며, 서구 문화와 동양 문화를 나누는 가장 상징적인 경계다.

지하실 벽으로 상징되는 서구 문화는 개인과 집단을 격리시키고 대립시킨다. 그러나 한국의 경우에는 필요할 때는 병풍을 거두듯이 집단이 되고, 또 어느 경우에는 병풍을 두르듯 자기의 사생활을 소중히 지킨다. 또한 병풍 그림은 한쪽 한쪽 떼어내도 독립된 구도를 가지고 있으나 전체를 이어놓아도 또한 전체의 구성이 하나가 됨으로써 조화롭다. 즉, 병풍의 공간은 하나이면서 전체인 것이다.

전통 물건에 담긴 한국인 생각

보자기 : 인간과 도구의 일체성

자본주의의 발생은 물건의 소유 형태로부터 시작되었다고 해도 과언이 아니다. 상자, 장롱, 창고 등은 자본주의가 낳은 알들이다. 소유할수록 그 상자는 커진다. 집도 커다란 상자가 아니고 무엇이겠는가. 자본주의의 발달은 움직이는 상자를 만들려는 꿈으로부터 시작한다. 단순한 소유의 축적이 아니라 그것을 안으로 끌어들이거나 밖으로 운반하려는 욕망에서 시장의 원리가 생겨났다. 자신이 소유하고 있는 물건을 몸에 지니고 다니는 기술이야말로 자본주의의 꿈이다. 그것을 위해 서양인들이 만들어낸 것이 가방이고 한국인들이 만들어낸 것이 보자기다.

한국에는 고려 말기의 것으로 보이는 수보자기가 전주시립박물관에 소장되어 있으며, 궁중 문헌『상방정례尙方定例』에는 235종류의 보자기에 관한 기록이 수록되어 있다. 뿐만 아니라 그때그때 쪼가리 헝겊들을 모아두었다가 그 색채와 모양을 조화 있게 배열하여 아름답게 만들어낸 조각보는 세계에서 그 유례를 찾아보기 힘든 한국 특유의 것이라 할 수 있다. 빈곤이 오히려 누추하지 않고 화려한 장식으로 승화된 것이다.

가방과 보자기에는 기술의 원시성과 근대성이 아니라, 인간과 도구의 관계에서 분리와 일체라는 본질적인 차이가 있다. 가방은 넣을 물건이 있을 때나 없을 때나 그 자체로 독립되어 있다. 사용할 때에도 사용하지 않을 때에도 그와 관계없이 독자적인 형태를 취하고 있다. 이를테면 도구가 자기주장을 하고 있는 셈이다.

그러나 보자기는 그 싸는 물건의 부피에 따라 커지기도 하고 작아지기도 하며, 또 쌀 것이 있을 때에는 존재하다가도 쌀 것이 없으면 하나의 평면으로 돌아가 사라져버린다. 가방과 달리 그것을 사용하는 인간과 사용되는 도구가 일체화되어 있다. 뿐만 아니라 보자기는 그 환경에 따라 용도가 자의성을 띤다. 가방에 걸리는 동사는 '넣다' 하나이지만 보자기는 '싸다', '쓰다', '두르다', '덮다', '씌우다', '가리다', '매다' 등 헤아릴 수 없이 많다.

비슷한 예로, 서양의 침대는 사람과 관계없이 한 자리를 차지한다. 사람이 일어나 낮에 활동하고 있을 때에도 침대는 저 혼자 한 공간을 차지하고 누워 있다. 그러므로 인간과 도구가 가방의 경우와 마찬가지로 따로따로 논다.

한국의 이불이나 요는 누울 때에는 펴고 일어나면 갠다. 밥상이나 방석 등도 마찬가지다. 그러나 서양의 경우에 식탁은 인간이 밥을 먹지 않을 때에도, 그리고 의자는 사람이 앉지 않을 때에도 일정한 공간을 점유한다. 그러므로 서양 사람들의 주거 공간은 도구에 의해 분절되어 있지만 한국인의 공간은 인간이나 그 기능에 의해 다층화되어 있다. 안방에 상을 들여오면 침실이 식당으로 바뀌지만, 서양에서는 침대가 놓여 있는 곳은 침실이요, 식탁이 놓여 있는 공간은 식당이다.

오늘날 파괴 공학이라는 특수한 기술이 대두되고 있는 것을 보면, 서구의 기술이 지닌 맹점을 알 수 있다. 보자기식 기술에는 파괴할 필요 없이 모든 도구가 스스로 기능과 변화에 따라 가변적인 것이 되기 때문이다.

또 보자기 원리라고 하는 것은 시스템에서 네트워크로 가는 것을 의도한 것이다. 보자기라고 하는 것은 공공칠 가방처럼 조직화systematic되어 있지 않고 싸는 것이다.

도시의 경우, 서양은 체계화한 바둑판처럼 되어 있지만, 동양의 도시는 인간들을 싼다고 생각한다. 도시가 보자기처럼 사람들을 싼다. 그래서 거기에 집이 먼저 있고, 그리고 길이 생기게 된다. 서양은 길이 있은 다음 길거리에 집을 넣는다. 넣느냐 또는 싸느냐의 관계에서 볼 때, 서양은 넣는 문화고 우리는 싸는 문화라고 할 수 있다.

의복에 있어서도 서양의 옷은 미리 치수를 만들어 가지고 사람을 넣는다. 투구가 서양의 원형이다. 그러나 우리의 옷은 인체를 싼다. 그것이 보자기 문화와 딱딱한 가방 문화의 차이라고 볼 수 있다. 바로 그것이 21세기 다기능적이고 다매체적인 문화에 적합한 원리가 되는 것이다.

오늘날 멀티미디어는 대단히 다기능적인 것을 택하는데 보자기는 싸고, 깔고, 쓰고 하는 식으로 전혀 다른 기능을 얼마든지 수행할 수 있다. 그런 의미에서 '공공칠'은 옛날 산업주의 시대의 영웅이고, 오늘날에는 아무것도 없이 그때그때 임시변통으로 무언가를 만들어낼 수 있는 맥가이버가 영웅이 되는 것이다. 이런 것들을 '임기응변식adhocracy'라고 하는데 관료 시스템bureaucratcy system이 임기응변식으로 넘어가게 되는 것이다.

think 열하나

다듬이 방망이 : 악기가 된 평화로운 곤봉

어떤 사람은 칼로 사과를 깎아 먹는가 하면 또 어떤 사람은 칼로 사람을 찔러 죽이기도 한다. 인간의 마음이나 그 사용 방법에 의해서 도구의 마지막 의미가 결정된다. 활과 하프는 같은 뿌리에서 생겨났지만 하나는 살육의 피를 흐르게 하고, 또 하나는 생명의 아름다운 선율을 흐르게 한다.

인간이 만든 전쟁 무기의 원초 형태가 곤봉이라는 것은 누구나 다 아는 사실이다. 그런데 한국인은 그 곤봉을 평화적으로 사용하여 빨랫방망이, 다듬잇방망이를 만들었다. 사람이나 동물을 때려죽이는 남성들의 폭력적 무기가 우리나라에 오면 여인들의 것으로 변해 때 묻은 옷을 빨고 다듬는 재생산의 도구로 바뀌게 된다. 우리에게 방망이 소리는 싸움의 상징이 아니라 평화의 소리, 어머니의 소리로 가슴 깊이 새겨져 있다.

일본은 다르다. 포르투갈 사람들로부터 사 들인 단 두 자루의 총을 가져다가 불과 10년 만에 30만 자루 이상의 조총을 만들어낸 기적은 전국시대라는 폭력 문화의 원형에서 비롯된 것이다. 일본인들은 우리와는 정반대로 누워 있는 다다미 등 평화로운 도구까지 전쟁 도구로 이용했다. 오늘날 다다미의 치수는 전쟁이 날 때 바리케이드 방패로 사용할 수 있도록 고안되었다고 한다.

일본도日本刀의 우수한 야금술冶金術은 폭력 문화의 원형에서 생겨난 것이고, 세계의 어떤 기술도 따를 수 없는 에밀레 같은 신라의 범종은 평화의 원형성에서 생겨난 것임은 두말할 필요가 없다.

think 열하나

돗자리 : 하늘을 나는 융단

『아라비안나이트』에는 하늘을 날아다니는 마법의 융단이 나온다. 그러나 한국인의 눈으로 보면 별로 신기할 게 없다. 본래 융단이라는 것은 이동해 다니는 것이 아니다. 그러기 때문에 그것이 장소를 옮겨 다닌다는 것은 상상을 절하는 놀라움을 준다. 그러나 한국의 돗자리나 멍석은 융단처럼 일정한 장소에 깔아놓는 것이 아니다. 원래의 기능이 말았다 폈다 하며 마법의 융단처럼 허공을 옮겨 다니면서 새로운 공간을 만드는 일이다. 아마도 한국인이라면 누구나 멍석을 타고 하늘을 난 경험이 있을 것이다. 여름의 긴 해가 지고 저녁이 되면 모기를 쫓는 모닥불 향기가 부드러운 어둠처럼 마당에 깔리기 시작한다. 멍석이 펼쳐지는 순간이다.

그 순간 흙 마당은 옛날 중앙아시아 고원의 풀밭이 된다. 그 위에 누우면 우리 옛 선조들이 그러했던 것처럼 하늘의 별들이 보인다. 급히 지나가는 구름 사이로 북두칠성이 보이면 봄은 중력을 잃고 하늘로 떠오른다. 이렇게 멍석에 누워 별을 헤는 동안 땀과 눈물로 얼룩졌던 일상적 공간은 꿈과 초월의 공간으로 바뀐다.

흙 마당을 풀밭으로 만들어 걸어 다니던 공간을 눕는 자리로 바꿔주는 멍석이 외부 공간의 창조물이라고 한다면, 그보다 훨씬 섬세하고 부드러운 돗자리는 주거 공간의 내부를 다시 분절하여 새로운 의미를 만들어주는 마법의 융단 같은 구실을 한다.

돗자리는 돗자리 크기만큼 색다른 공간을 만들어준다. 감각부터가 다르다. 돗자리를 펴면 우선 왕골 냄새와 사람의 땀내가 어우러진 독특한 냄새가 풍겨온다. 그리고 후각의 변화는 땀을 흡수하는 다공성 섬유질의 미묘한 양의성 — 말하자면 나무의 딱딱함과 풀의 부드러움을 동시에 지니고 있는 그 촉감과 공감각적인 효과를 일으킨다.

시각적인 변화는 말할 것도 없다. 우선 연속적인 공간에 새로운 화폭처럼 틀이 생겨나고 다른 공간과는 구분되는 별도의 분절된 네모난 방위方位를 지닌 작은 우주가 생겨난다. 그리고 아무리 작은 돗자리라 해도 그 텍스처는 반복적인 것이므로 무한으로 이어진다. 그러면서도 돗자리의 색깔은 장판 색과 마찬가지로 노란 빛을 띠고 있어 양탄자를 깐 것처럼 돌연한 단절감을 주지 않는다. 화문석의 화려한 무늬라 해도 그림 위에 앉아 있는 것 같은 느낌을 주지 않는 것은 그 바탕이 자연 그대로의 소박한 질감을 갖고 있기 때문이다. 어찌 청각인들 그대로일 수 있겠는가. 돗자리 위에서 움직이면 그 스치는 미묘한 음향이 난다. 모시가 구겨지는 것 같은 서늘한 소리다. 이렇게 감각의 총체적인 변화가 만들어놓는 그 공간은 의미론의 변화에 의해서 최종적인 공간 만들기의 작은 기적을 연출한다. 평범한 일상의 공간에 돗자리를 깔면 손님을 맞는 연희의 공간이 되기도 하고, 노동 공간이 갑자기 유희 공간으로 바뀌어 놀음판이 되는가 하면, '속俗'의 공간이 제사를 지내는 '성聖'의 공간으로 바뀌기도 한다.

"하던 짓도 멍석을 펴놓으면 하지 않는다"는 속담을 분석해 보아도 알 수 있듯이 한국인에게 멍석이나 돗자리는 하나의 무대 공간이고 색다른 생활을 기획하는 연출 공간이다. 땀과 눈물로 범벅된 가열한 공간에 멍석이나 돗자리가 펼쳐지면 마법의 융단처럼 우리의 육신과 영혼은 자유롭게 허공을 난다.

달걀 꾸러미 : 포장 문화의 원형

달걀은 깨지기 쉽다. 그 껍질은 태어나는 작은 병아리 소리에 무너지는 가장 민감한 생명의 벽이다. 오죽했으면 "달걀 메고 성 밑을 지나가지 못한다"라는 속담이 생겼겠는가.
달걀은 구르기 쉽다. 둥근 모양을 하고 있어서 신의 능력으로도 세울 수 없다. '콜럼버스의 달걀'이라는 그 유명한 일화가 생겨난 것도 그 때문이다. 달걀은 또 썩기 쉽다. 자칫 부패하여 먹을 수 없는 곤달걀이 되고 만다. 이렇게 깨지기 쉽고 구르기 쉽고 썩기 쉬운 그 특성 때문에 달걀은 무엇으로 싸두지 않으면 안 된다. 인류가 처음 물건을 싸는 포장 문화에 눈 뜨게 된 것은 바로 그 달걀 때문이었을 것이다.

한국인들은 짚으로 달걀 꾸러미를 만들었다. 충격과 습기를 막아주는 그 부드러운 재료 자체가 이미 새의 둥지와 같은 구실을 한다. 그렇다. 짚으로 만든 달걀 꾸러미는 가장 포근하고 안전한 달걀의 집, 제2의 둥지다. 그러나 한국의 달걀 꾸러미가 보여주는 놀라움은 결코 그 재료의 응용에만 있는 것이 아니다. 그 점이라면 일본의 달걀 꾸러미도 마찬가지다. 문제는 같은 짚을 사용하고 있으면서도 달걀을 완전히 다 싸버린 일본 사람들과 달리 한국인들은 그것을 반만 싸고 반은 그대로 두어 밖으로 드러나게 했다는 데 있다.

왜 한국인들은 반만 쌌는가. 기능만을 생각했다면 일본 사람들처럼 달걀을 다 싸는 것이 안전하다고 믿었을 것이 아닌가. 그러나 물리적인 기능만을 생각하여 그것을 짚으로 다 싸버린다면 달걀의 형태와 구조는 완전히 가려져 그 의미를 상실하게 될 것이다. 포장한 짚만 보이고 그 알맹이는 보이지 않게 될 것이므로 사람들은 그것이 얼마나 깨지기 쉬운 물건이라는 것을 모르게 될 것이다. 즉 달걀의 정보성, 언어성은 사라지고 만다.

그렇게 되면 달걀 꾸러미는 물리적인 일의적 의미밖에 지닐 수 없게 되어, 기능이 형태와 구조를 가리게 된다. 근대 산업주의 문화와 마찬가지로 기능적 합리주의의 소산이 되고 마는 것이다. 그리고 보면 한국인이 달걀을 반만 쌌다는 것은 물리적인 기능만 생각한 것이 아니라 그 정보성을 중시했다는 증거다. 달걀 꾸러미를 들고 다니는 사람들은 그것이 깨지기 쉬운 달걀임을 감각으로 느낄 수 있어 조심하게 될 것이다. 또 그것이 상품으로 전시되었을 때 그 신선도나 크기의 정보를 소비자에게 알려줄 수도 있다. 정보만이 아니라 형태와 구조를 나타내 보임으로써 달걀 꾸러미는 시각적인 디자인의 미학을 제공한다. 포장된 것을 가리면서 동시에 표현하는 모순. 그 양의성 속에서 모든 포장 문화는 자신의 존재 이유를 발휘한다. 짚과 달걀은 그 색채에 있어서나 유기질과 무기질의 촉감에 있어서나 거의 추상 조각 같다. 완벽한 대조와 조화의 아름다움을 자아낸다.

한국인들이 만들어낸 달걀 꾸러미는 "기술적 합리주의가 낳은 단순화와 협소화에서의 해방"을 시도하는 포스트모더니즘의 꿈을 내재하고 있는 것이다. 왜냐하면 반만 포장된 달걀 꾸러미야말로 가능성을 소통성으로 바꾸어가는 탈산업화 시대의 정신과 통해 있기 때문이다. 한국의 달걀 꾸러미는 형태와 구조를 노출시킨 아름다움, 깨지지 않게 내용물을 보호하는 합리적인 기능성, 그리고 포장 내용을 남에게 알려주는 정보성의 세 가지 특성을 동시적으로 만족시켜주는 포장 문화의 가장 이상적인 모형이라고 할 수 있다.

think 열둘

김치, 맛의 교향곡

오색五色과 오미五味의 우주론

음식의 조리 방법은 민족마다 달라도, 달걀의 모양과 맛은 세계 공통이다. 어느 나라에서나 달걀은 노른자위와 흰자위로 되어 있고, 그 맛은 불에서 얼마나 오래 익혔는가에 따라 결정된다. 날것·반숙·완숙으로, 익히는 시간에 따라 달라지는 달걀 맛은 바로 인간 문명의 상징인 '불의 맛'이라 할 수 있다. 그러나 한국의 달걀 요리는 보다 고유한 체계를 가졌다. 익힌 달걀을 그냥 먹지 않고 그곳에다 시각적 효과를 돋우려 했기 때문이다. 달걀의 기본 색은 흰색과 노란색이다. 한국인은 그것을 다섯 색으로 만들기 위해 검은 빛깔의 김, 석이버섯과 붉은 빛깔의 고추를 가늘게 썰어 넣었고, 푸른 빛깔의 채소를 첨

가했다. 그래서 청靑·적赤·황黃·흑黑·백白 다섯 빛깔을 띠게 된 삶은 달걀은, 한국인들이 우주 공간을 상징할 때 사용하는 오방색五方色을 나타낸다. 푸른색은 동東, 붉은색은 남南, 흰색은 서西, 검은색은 북北, 노란색은 중앙을 가리킨다. 다섯 가지 색채들은 공간의 방향을 가리킬 뿐만 아니라, 춘하추동春夏秋冬과 그 계절의 변화를 일으키는 중심, 즉 우주의 시간을 상징하기도 한다. 한국의 요리 체계는 한국인의 우주론적 체계cosmology와 상동성相同性, homology을 지녔음을 알 수 있다.

오방색은 자연과 인간의 현상을 목木·화火·토土·금金·수水 다섯 요소로 구조화한 동북아시아의 음양오행설에 뿌리박고 있다. 색채감각만이 아니라 미각에서도 오행의 원리를 좇아 맵고, 달고, 시고, 짜고, 쓴 오미五味로 가려 나누었다. 오행설을 일상적인 음식 문화에 이용해 요리의 시각 기호와 미각 기호의 코드를 창출해낸 것은 한국만의 독창적인 식문화라 할 수 있다. '고명'과 '양념'이 바로 그것이다. 달걀 요리 등 오방색으로 꾸며놓은 고명으로 음식에 갖가지 색채를 부여하는 것을 '시각 기호'라고 한다면, 양념은 짜고 맵고 시고 심지어 쑥처럼 쓴맛을 주어 음식 전체의 맛을 조율하는 것은 '미각 기호'라 할 수 있다. 고명과 양념을 없애면 한국 음식은 침묵한다.

고명과 양념은 한국 음식 맛의 언술言術, discourse과 텍스트를 생성하는 요리 코드로서, 음과 양의 관계처럼 상보적인 것이다. 또한 그들이 자아내는 기호 작용signification은 조화와 융합이다.

한국의 전통 음식 가운데 이런 요리 기호 체계를 가장 완벽하게 극적으로 보여주는 것은 '오훈채五葷菜'라는 나물이다. 오훈채란 파·마늘·부추같이 자극성이 강한 다섯 종류의 채소를 의미한다. 불가佛家나 도가道家에서는 금기의 음식으로 여겨왔지만, 한국의 민속 사상에서는 모든 것을 화합하고 융합시키는 우주적 기운의 식물로 생각해왔다. 그래서 입춘이 되면 임금이 신하들에게 오훈채를 하사하기도 했다. 한복판에 노란색 나물을 놓고 그 주위에 동서남북을 가리키는 청·백·적·흑의 나물들을 각각 배치해놓는다. 이들을 한데 섞어 무쳐 먹는다는 것은 곧 사색으로 갈린 당파가 임금―가운데 황색―을 중심으로 하나로 뭉치는 정치 이념을 나타낸다. 일반 여염집에서는 입춘이 되면 으레 오훈채 나물을 먹었다. 이때의 오색과 오미의 코드는 정치적 층위와 달리 仁-靑·예禮-赤·신信-黃·의義-白·지志-黑의 덕목과, 비장(청)·폐(적)·심장(황)·간(백)·신장(흑)의 인체 기관을 의미했다. 입춘에 오훈채를 먹으면 다섯 가지 덕목을 모두 갖추게 되고, 신체의 모든 기관이 균형과 조화를 이루어 건강해진다고 믿었다.

오훈채를 준비하지 못한 농가에서는 파를 고추장에다 찍어 먹는 것으로 대신하기도 했다. 오훈채를 먹을 때 다섯 가지 색채와 맛을 갖추는 데 얼마나 큰 의미를 두었는가 하는 것을 잘 알 수 있다. 파에는 네 가지 색이 있다. 뿌리는 희고 줄기는 검으며 이파리는 푸르고 새로 돋는 순은 노랗다. 그것을 붉은 고추장에 찍어 먹으면 오방색을 모두 먹는 것이 된다. 또 파의 맛은 맵고 쓰며, 그 순은 달다. 거기에 초고추장을 찍어 먹으면 신맛과 짠맛이 더해져 오미를 갖추게 된다. 나물은 덩이와 입자형 음식물과는 달라 금세 다른 것과 뒤엉켜 결합될 수 있다. 그래서 나물의 요리법은 '무치는' 것이고, 그 맛은 서로 다른 색깔(오색)과 맛(오미)을 섞어 하나로 조화시키는 데 있다. 예수님의 살이요 피인 빵과 포도주를 마시는 성찬식처럼, 한국인들은 입춘에 오훈채를 먹음으로써 우주 자연과 한 몸이 되는 융합의 의례를 치렀던 것이다.

오훈채를 무치면서 사람들은 정치적, 사상적, 신체적인 여러 층위에서 대립하고 모순되는 것들을 뭉치게 하는 화합의 힘을 체험한다. 그리고 그것을 씹어 먹는다는 것은, 춘하추동의 순환과 동서남북이 한복판의 축으로 모여드는 우주의 신비하고 생동하는 기운을 삼킨다는 것이다.

한국 음식과 그 요리법은 오훈채를 원형으로 한 크고 작은 변이항variants으로 볼 수 있다. 어육과 채소를 넣고 석이버섯, 호두, 은행, 황밤, 실백, 실고추의 오방색 재료를 얹은 다음 국물을 부어 끓이는 여구자탕의 신선로神仙爐 요리가 그렇고, 색동옷처럼 갖가지 색깔의 켜로 배열하는 산적이나 무지개떡 같은 것이 그렇다. 색채는 물론 음식 재료에 있어서도 들, 산, 바다, 하늘(새)에서 나는 것까지 모든 공간을 한데 섞는다. 그렇기 때문에 한국의 음식은 제각기 다른 색채와 모양, 그리고 맛들이 균형과 조화를 이루면서 화성和聲을 자아내는 '맛의 교향곡'이라 할 수 있다.

음식 재료들을 하나하나 개별화하고 각각의 음식물 맛을 따로 차별화해서 맛보도록 한 서구 형태의 요리 코드와는 정반대다. 뿐만 아니라 음양오행의 전통 문화를 공유하는 중국과 일본의 음식이라 해도 한국의 경우처럼 오색오미를 하나로 섞는 융합형은 아니다. 보자기처럼 한국의 음식은 모든 것을 하나로 싼다.

한국 고유의 음식 가운데 하나인 '쌈'이 바로 그런 것이다. 김이든 상추든 평면성과 넓이를 가진 것이라면 그것을 펴고 온갖 재료를 싸 통째로 입안에 넣는다. 포크와 나이프로 음식을 썰어 먹는 식사법이 '배제적exclusive'인 것이라고 한다면, 모든 음식을 한데 싸서 통째로 입안에 넣는 것은 '포함적inclusive'인 식사법이라고 할 수 있다. 또한 신대륙 발견의 대항해시대를 가져온 유럽의 후추가 상한 고기 맛을 제거하는 향미료라고 한다면, 우리의 양념은 한층 음식 맛을 돋우고 증폭시켜 변화를 주는 조미료라 할 수 있다. 성경에 나오는 소금의 역할처럼, 제거하는 것이 아니라 모든 것에 생명을 주고 그 맛을 돋우는 포함적인 성격을 지닌 요리 코드다.

그러므로 한국 요리의 텍스트는 단일 기호monosemic가 아니라 다중 기호polysemic 체계로 구성되어 있고, 그 맛은 따로따로 독립해 있는 실체론적인 성격이 아니라 서로 유기적으로 얽혀 있는 관계론적인 의미를 띤다. 한국의 음식 맛은 '존재하는 것being'이 아니라 '생성하는 것becoming'이다.

think 열둘

맛의 교향곡

고명과 양념, 그리고 오훈채를 원형으로 구성된 한국 음식 문화를 추구해 들어가면 한국 음식의 모양과 맛을 대표하는 김치가 무엇인지 저절로 그 암호를 해독할 수 있다. 그러니까 앞서 말한 것처럼 김치 맛을 푸는 첫 번째 코드 역시 오색과 오미를 갖추려는 맛의 우주론이라 할 수 있다.

김치가 무엇인지 잘 모르는 사람들은 김치 색깔을 흔히 붉은 것으로만 생각하기 쉽다. 오훈채처럼 한국 요리의 코드를 알고 나면, 김치야말로 오방색을 모두 갖춘 음식이라는 것을 금세 깨닫게 된다.

김치가 붉은색을 띠게 된 것은 17세기 이후 일본을 통해 서양의 고추가 들어온 뒤부터다. 배추를 흔히 '백채白菜'라고도 하는데, 이처럼 배추를 주재료로 하는 김치는 흰빛이 기조색이다. 무가 그 흰빛 계열에 악센트를 가하고 배춧잎이나 파잎들이 푸른빛을 더해 청룡백호처럼 한국의 전통적인 청백 대응 색깔을 만들어낸다. 배추 속잎과 생강, 마늘 같은 부가물들은 누런빛을 띠고, 마지막으로 고춧가루가 그들에 온통 붉은빛 물을 들인다. 오방색에서 검은색이 빠진 것처럼 보이지만 자세히 들여다보면 김치에 넣은 젓갈류나 양념 속에서 검은 빛을 찾아볼 수 있다. 무엇보다도 김치를 담는 독이 칠흑같이 검어서, 한국인에게 김치는 결코 붉은색으로만 연상되지 않는다. 검은 김칫독은 붉고 희고 푸르고 누런 김치 색깔을 내는 팔레트와 같은 구실을 한다.

김치는 오미 또한 갖추고 있다. 김치를 잘 모르면 색깔에서처럼 그 맛도 매운맛과 짠맛밖에는 이해하지 못한다. 그러나 김치 맛을 알기 시작하면 외국인이라 해도 김치가 단순히 맵고 짜기만 한 것이 아니라는 사실을 깨닫는다. 김치는 유산 발효식품으로 독특한 신맛, 즉 산미酸味가 있다. 오행으로 볼 때 신맛은 동방을 뜻하는 것으로, 김치가 익는다는 것은 곧 해가 돋는 것처럼 그 맛의 기점에 신맛이 있다는 것을 뜻한다. 발효되어 익어갈수록 김치는 신맛을 내고, 마지막에는 맵고 짠맛까지 흡수해버려 초처럼 되어버린다. 한국 사람들은 왜 고추장에 초를 넣어 초고추장을 만들어 먹었을까? 마늘 같은 것을 먹을 때 초를 쳐서 먹는 이유는 무엇인가? 김치의 신맛에서 그 답을 찾을 수 있다.

김치의 맵고 짠맛은 발효 과정에서 생기는 신맛으로 중화되고 융합되어 절묘한 맛의 화음을 빚어낸다. 역설적으로 표현하면 한국인은 매운맛을 좋아한다기보다 매운 것을 없애는 맛을 즐긴다고 하는 편이 옳을지도 모른다. 한국의 고추는 가까운 일본의 고추에 비해 매운맛이 3분의 1 정도밖에 되지 않는다. 그러면서도 붉은 색소는 두 배나 된다. 보기만큼 맵지 않은 것이다. 거기에 비타민C 함유량은 일본 것의 두 배나 된다. 이처럼 한국 고추의 특징이 매운맛에 있지 않은 것처럼, 고추를 많이 쓰는 한국 음식도 상식과 달리 매운맛에 그 특징이 있는 것은 아니다.

김치에는 고춧가루와 소금만 들어가는 것이 아니라 단 과일이나 설탕도 들어간다. 그리고 고추 자체에도 감미가 있는데, 한국 고추는 일본 것에 비해 1.5배나 달다. 흔히 한국인들은 김치를 담그는 배추나 무의 최상급을 고를 때도 단맛에 기준을 둔다. 이처럼 김치는 신맛 말고도 시원한 김치 맛 뒤에 남는 달콤한 미각을 함유하고 있다.

또 떫은 맛이 섞여야 진짜 김치 맛이 난다고도 한다. 청각이나 부추, 왕소금으로 절여 담근 막김치에는 쓴맛이 맴돈다. 그 쓴맛만을 선별해 담근 김치가 바로 고들빼기이고 갓김치다. 맵고 짜고 신, 강렬한 맛들의 밑바닥에는 마치 콘트라베이스의 은은한 저음처럼 쓰고 단맛이 깔려 있다. 음악을 제대로 감상할 줄 모르는 사람일수록 바이올린이나 피콜로의 고음만 듣고 저음 악기의 소리는 듣지 못하는 것처럼, 김치를 처음 먹어보는 사람은 맵고 짠 것밖에는 식별하지 못하는 것이다.

한국 요리 전문가인 강연숙姜連淑 씨의 말을 빌리면, "일본 요리가 담백하고 단순하고 산뜻한 맛에 기본을 둔 것이라면, 한국 요리는 여러 맛이 서로 겹치고 한데 엉겨 조화를 이루는 데 맛의 큰 특성이 있다"고 한다. 김치는 맛의 통합적 우주를 지향하는 한국 음식의 특성을 가장 잘 나타내는 것으로, 색깔이나 맛에서 오방색과 오미를 완벽하게 연출해내고 있다.

think 열둘

화식火食과 생식生食의 매개항, 발효식

김치 맛을 해독하는 두 번째 코드는 그것이 발효식이라는 것이다. 어떤 형태의 요리든 맛의 근원적인 의미는 '날것'과 '익힌 것'—생식과 화식의 대립항binary opposition에 의해 구분된다. 달걀의 경우 그 요리법이나 맛은 여러 가지겠지만, 크게 날달걀과 익힌 달걀 맛으로 구별해볼 수 있다. 요리의 코드뿐만 아니라 인간의 삶 자체의 코드가 그렇게 되어 있다. 신화의 상징에서도 그 유효성이 밝혀졌듯이, 날것은 자연, 익힌 것은 문명이라는 대응 관계를 나타낸다.

날것과 익힌 것의 요리 코드는 서양 음식에서 더 극명하게 드러난다. 바비큐처럼 서양의 육식 요리는 불로 구운 정도로 맛을 차별화한다. 레스토랑에 가서 요리를 시킬 때 가장 중요한 의식의 하나가 어떻게 굽느냐, 즉 '레어rare'와 '웰던well-done', '미디움medium'의 방법 중에서 선택하는 것이다. 이와 반대로, 채소의 경우에는 수프를 제외하면 내부분 날것 형태로 요리된다. 문명과 자연의 이항대립이 육식과 채식의 대립으로 나타나 서양의 요리 체계는 이렇게 익힌 것과 날것의 대립항을 강화하고 더욱 심화해가는 데 있다. 그러나 한국의 요리 코드는 화식·생식의 대립항에 의존하지 않는다. 오히려 대립 코드에서 일탈해 그것을 융합하거나 매개하는 제3항 체계를 만들어낸다. 날것도 익힌 것도 아닌 삭힌 것의 맛, 바로 발효식이다. 생식과 화식 사이에 발효식이 개재됨으로써 요리는 새로운 삼각 구도를 지니게 된다.

김치가 한국 음식을 대표한다는 것은 발효식이 한국 음식의 기저基底라는 말과 같다. 세계 어디에나 있는 발효 음식을 한국의 독점물로 만들려고 하는 것이 지나친 아전인수의 논리처럼 보일지도 모른다. 그러나 중요한 것은 발효 음식의 존재 여부가 아니라 그것을 요리의 시스템이나 코드로 사용하고 있느냐 그렇지 않느냐 하는 것이다. 발효식이 우리 문화의 패러다임이라는 것을 증명하기 위해서는 음식 코드를 주거 코드로 옮겨보면 된다.

한국의 주택에는 앞마당과 그에 대립하는 공간인 뒷마당이 있다. 뒷마당을 상징하는 것은 장독대다. 장독대를 중심으로 한

이러한 주거 배치는 세계 어디에서도 찾아보기 힘들다. 장독대란 간장, 된장, 고추장 같은 발효 식품을 발효·저장하는 기물(독)을 놔두는 곳이다. 발효 문화를 대표로 하는 것이 김치라고 한다면, 그것이 주거 형태로 나타난 것이 장독대다. 화식 위주의 서양 문화 코드가 주거 코드로 바뀌면 파이어플레이스fireplace(벽난로)나 바비큐 세트를 장치한 정원이 되는 것과 같다.

흙으로 크고 작은 장독을 만드는 것에서부터 메주를 쑤고 간장을 담그고 된장, 고추장을 만드는 모든 기술이 음식을 발효시키는 데 집약된다. 그리고 맑은 날에는 장독 뚜껑을 열어 햇빛을 쐬고 흐린 날에는 뚜껑을 닫아 비를 피한다. 이런 정성과 기술은 산업주의를 만들어낸 불의 문화와는 여러 가지 면에서 대조를 이룬다. 발효식은 인공적인 것도 아니고 자연이 준 것을 그대로 누리는 삶의 방식도 아니다.

배추를 날것으로 요리하면 샐러드가 되고 불에 익히면 수프가 된다. 그러나 그것을 삭혀 먹으면 김치가 되는 것이다. 그 맛은 샐러드와 같은 자연의 맛이나 야채 수프와 같은 문명의 맛에서는 찾아볼 수 없는, 제3의 새로운 미각이다. 자연과 문명이 조화를 이루고 융합했을 때 비로소 생성되는 '통합intergral의 맛'이라 할 수 있다. 한국의 요리 코드는 생식/화식, 자연/문명의 대립항을 넘어서 삭혀 먹는 제3의 가능성, 즉 자연과 문명의 대립을 매개하거나 뛰어넘는 문화적 탈코드의 산물인 것이다.

화식이 성급한 불의 맛이라고 한다면 발효식은 시간의 맛이다. 날것과 마찬가지로 화식은 요리에서 시간이라는 가장 중요한 절차를 생략하려 한다. 이에 비해 발효식은 어떤 형태의 것이든 기다리고 용해하고 변화하는 시간 속에서 이루어진다. 김치는 샐러드와 단순한 겉절이처럼 즉석에서 먹을 수 없는 음식이다. 김치에서 가장 중요한 재료는 배추도 고춧가루도 아닌, 바로 시간이다. 시간이 흐르면 자연물은 시들고 사그라지고 썩는다. 누구도 막을 수 없는 부패의 시간성을 역이용해서 새로운 맛을 창조해낸 것이 발효식의 지혜다.

think 열둘

김치와 국물 문화

김치 맛을 해독하는 또 중요한 코드는 그 국물이다. 중국, 한국, 일본의 요리 코드에서 면은 늘 국물과 함께 있다. 아무리 패스트푸드의 인스턴트 면 문화로 변해도 국물이 곁들여지는 컵라면이 등장한다.

동양에서 면은 젓가락으로 휘저어서 먹는다. 그러나 스파게티는 육식을 할 때와 마찬가지로 접시에 담아 포크를 사용해서 먹는다. 젓가락으로는 뭉친 면발을 풀어서 먹는데, 포크로는 스파게티 면을 돌돌 말아 덩어리로 만들어 먹는다.

같은 면인데도 이런 차이가 나는 것은 서양의 요리 코드가 고체/액체/건식의 대립항으로 이루어져 있기 때문이다. 한국의 요리 코드는 이항대립의 경계를 없애고 음식의 건더기(고체)와 국물(액체)을 함께 먹는 혼합 체계로 되어 있다. 문화론으로 발전시키자면 스파게티로 상징되는 서구 문화는 노이즈noise를 배제하는 데카르트피에 속한다. 정식으로 국물 음식을 만들 때를 제외하면 음식을 요리할 때 생기는 국물을 일종의 노이즈로 생각해 철저히 없애버린다. 그러나 한국에서는 면을 끓이기 위해 부었던 물을 버리지 않고 국수와 함께 그냥 요리 속으로 끌어들인다. 노이즈를 허용할 뿐 아니라 그 우연성을 적극적으로 살려 맛의 체계를 변화시켜간다. 전자의 문화를 배제적이라고 한다면 후자는 포함적이라 정의할 수 있다. 김치가 서양의 피클과 다르며, 같은 국물 문화권인 중국의 자차이榨菜나 일본의 오신코와도 다른 것은 국물이 있느냐 없느냐, 또는 국물과 함께 먹느냐 먹지 않느냐에 따른 것이다. 오신코는 김치처럼 배추를 절여 만든 유산균 발효식인데, 겨로 절인 경우 그 겨를 다 걷어내고 씻어 먹는다. 물기 하나 없는 일본 김치다. 한국의 깍두기와 일본의 단무지를 생각하면 그 차이를 쉽게 이해할 수 있을 것이다. 한국의 김치는 발효 과정에서 절로 우러나는 국물을 버리지 않고 이용해 오히려 맛을 잘 살린다. 불필요한 것, 부수적인 것, 잉여적인 것이라 생각되는 것을 없애지 않고 적극적으로 수용한다. 그래서 국물 김치가 아니더라도 김치나 깍두기에도 꼭 국물이 따라다니게 마련이다. 국물과 건더기는 맛에서도 상호보완 작용을 해 국물이 마르면 건더기의 맛도 죽어버린다. 건더기와 국물은 동양 사상의 음과 양의 관계와 같은 것이다. 한국인들은 음식 맛이 아니라 사람의 성격을 평가할 때도 '국물도 없다'라는 표현을 쓴다. 융통성이나 여유가 없는 사람, 지나치게 계산적인 사람을 일컫는 욕이다.

같은 젓가락 사용권 내에서도 유독 한국만이 숟가락을 겸용하는 '수저 문화'를 만들어낸 것도 그 때문이다. 밥과 국, 건더기와 국물이 함께 뒤섞여 있는 양성구유적 음식 문화에서는 젓가락 하나로 식사를 할 수 없다. 같은 한자를 많이 쓰는 일본에도 '음식飮食'이란 말은 없다. 음식을 '다베食모노物'라고 하여 마시는 것이 제외되어 있다. 그렇기에 역시 숟가락이 없다.

김치, 맛의 교향곡

밥맛과 반찬 맛

또 하나의 김치 맛 암호 해독은 그것이 '반찬'이라는 점에서 찾아진다. 반찬의 개념을 모르면 김치 맛을 알 수 없다. 빵 문화권과 밥 문화권의 차이를 결정하는 변별적 요소distinctive feature는 반찬이라는 개념이다. 빵은 곧잘 밥으로 번역되지만 서양의 비프 스테이크는 결코 빵의 반찬이라고는 할 수 없다. 쌀을 주식으로 하는 밥 문화권에서는 객客이 없으면 주主가 없고 주의 개념이 없으면 객의 개념도 없듯, 밥과 반찬은 상대적 관계항 속에서만 형성되는 의미 작용signification을 지니고 있다. 김치는 홀로 있는 음식도, 독자적인 맛을 지닌 음식도 아니다. 밥이나 다른 음식과의 관계 속에서 비로소 맛으로서의 존재 이유를 갖는다.

김치가 한국 요리를 대표하는 음식임에는 틀림없지만, 아무리 김치를 좋아하는 사람이라 하더라도 그것을 맨밥처럼 먹을 수는 없다. 맨밥을 먹을 수 없는 것과 마찬가지로 김치는 다른 음식, 특히 밥과 함께 먹는 보조식이다. 그 요리의 의미는 '실체론'적인 것이 아니라 '관계론'적인 층위에 속하는 것이며, 구조는 통시적인 것이 아니라 공시적이다.

서양 식사법의 기본은 통사축diachronic axis에 의해 진행된다. 레스토랑의 메뉴는 애피타이저—수프—메인디시—후식 등의 코스로, 시간적인 순차성에 의해서 진행된다. 달팽이 요리를 맛본 다음 어니언 수프를 들고, 그 맛이 사라지면 다시 안심이나 등심 같은 쇠고기 맛으로 옮겨 간다. 마지막엔 디저트의 푸딩이나 과실 맛으로 음식의 책장을 닫는다. 이렇게 서사 구조와 같이 시작—발전—종결의 시간 축에 의해 하나하나 독립된 음식 접시가 접속되고 변전해서 마지막까지 이어진다.

그러나 한국 음식은 범열축sysematic axis에 의한 것으로, 병렬적인 동시 구조로 한 상 위에 차려진다. 국과 채소, 고기, 생선, 심지어 후식으로 먹는 떡, 식혜까지 동시에 한 상 위에 차려진다.

음식 접시가 나오는 순서와 그들에 맞춰 미리 세팅된 포크, 나이프 등으로 구별되는 코스별 서양 요리와 달리, 한국의 상

김치, 맛의 교향곡

차림은 오첩반상이니 칠첩반상이니 하여 상에 차려진 반찬과 그릇 수에 의해서 구별된다. 칠첩반상이라고 하면 밥, 탕, 김치, 간장을 기본으로 하여 숙채, 생채, 구이류, 조림류, 전류, 마른 반찬류, 회류 일곱 가지 반찬을 갖춘 상차림이다. 서양의 상차림은 철저하게 개별화하여 음식이 서로 섞이지 않도록 하는 데 비해 한국의 상차림은 서로 다른 종류와 성질 계층의 음식들을 한꺼번에 맛보게 하는 다중성에 중심을 두었다. 외국인이 한국인의 식사법을 보고 음식 맛이 무엇인지 모르는 사람들이라고 비판하는 것도 이런 점 때문이다. 서로 다른 음식을 한꺼번에 먹으면서 어떻게 맛을 구별하고, 고유의 맛을 즐길 수 있느냐는 것이다.

그러나 그것은 밥맛이 무엇인지 반찬 맛이 무엇인지 잘 모르고 하는 소리다. 밥은 생긴 모양만 하얀 것이 아니라 실제 그 맛도 아주 싱거워서 무無이며 텅 빈 공허다. 그래서 빵처럼 밥 하나만 먹을 수가 없다. 그러나 짜고 매운 여러 반찬들과 어울리면 밥은 새로운 맛을 띠게 된다.

밥은 국물 음식, 마른 음식, 매운 것과 짠 것, 딱딱한 것과 연한 것 등 온갖 반찬들의 맛을 차별화시키면서 동시에 융합시킨다. 말하자면 밥을 먹는 것은 입을 씻어 맛을 지우는 '지우개' 같은 역할을 한다. 매운 음식을 먹었어도 일단 밥이 들어가면 입안에는 언제든지 새 음식을 맛볼 수 있는 백지白紙가 마련되고, 그 백지 속에서 모든 음식이 제 맛, 제 표정을 갖게 된다. 그리고 밥은 동시에 그 맛 둘을 합산한다.

반찬은 밥의 텅 빈 맛 때문에, 그리고 밥은 반찬의 맵고 짠 자극적인 맛 때문에 싱싱하게 살아난다. 한국의 음식은 이 관계의 틈새에서만 존재한다. 그러므로 맵고 짜고 시고, 때로는 달고 쓴 다섯 가지의 자극성 강한 맛을 내포한 김치는 밥이 들어가야만 서로 분절되고 조화로운 맛을 이룬다. 밥 없이 김치만 먹어보면 그 사실을 금세 알 수 있다. 너무 짜고 매워서 어떤 음식이 들어와도 입안이 얼얼하고 감각이 마비되고 만다. 시詩를 아는 사람만이 반복되는 운율의 맛—동질성 안에 있는 차이의 맛을 알 듯이, 밥을 아는 사람만이 김치 맛의 절묘한 운율을 듣고 맛볼 수 있다.

밥만이 아니다. 느끼한 고기를 먹을 때도 기름기를 씻어내고 입안을 개운하게 해주는 것이 또한 김치다. 김치를 좋아하지 않던 사람들도 외국에서 생활하다 보면 김치 맛이 그리워진다. 향수 음식이라서 그런 것이 아니라 김치가 음식과 채식을 상생하는 역할을 하기 때문이다. 김치는 밥이나 고기 요리와 함께 먹을 때, 즉 다른 음식과의 관계 속에서만 제 맛을 낸다. 그것은 밥맛인가 김치 맛인가? 이는 꼭 '피리 소리가 입김의 소리인가 젓대의 소리인가'라고 묻는 것처럼 어리석다. 함께 어우러짐으로써 손등과 손바닥처럼 떼어낼 수 없는 일체형의 맛과 의미를 자아내는 것이 한국의 김치이며, 동시에 한국인이 추구하는 삶의 철학이다.

think 열둘

김치의 메타언어

국어사전에 양념은 "음식의 맛을 돕기 위해 쓰이는 기름, 마늘, 파, 깨소금 따위"라고 나와 있다. 고명도 넓은 의미에서 양념과 같은 층위에 속한다. 불의 요리에서 익히고 지질 때의 화력처럼, 소금과 양념은 채소를 발효시키는 연료라 할 수 있다.

요리의 행위가 되는 일련의 술어군述語群인 '절이다, 버무리다, 익히다'는 김치의 통사축이라 할 수 있다. 화식의 경우에는 '점화하다, 열을 가하다, 불을 끄다'에 해당한다. 소금으로 채소를 '절이는' 것은 연료에 불을 댕겨 날것에 열을 가하는 준비 단계이고, 김치를 '버무리는 것'은 화식에서 굽는 과정과 같다. '삭히는' 것은 불로 음식물을 완전히 익혀낸 최종 단계라고 할 수 있다.

1. 시작 :   불을 댕긴다 / 소금으로 절인다

2. 과정 :　　　굽는다 / 버무린다
3. 종결 :　　　익힌다 / 삭힌다

화식에서 발효는 각각 위와 같은 통사축과 범열축에 대응된다. '절이다, 버무리다, 삭히다'는 김치를 만드는 요리 기술의 핵심적 행위 코드로서, 자연을 변질하고 가공하는 방법에서 화식과 어떤 차이가 있는가를 극명하게 보여준다. 동물적 상태의 인간이 교양과 교육을 통해 문화화하고 변화해가는 성장 과정과 같다.

'절이는' 것은 인간에게 생래적으로 주어진 본능과 자연 그대로의 거친 욕망을 교양과 교육에 의해서 제어하고 걸러내는 역할에 비유된다. '버무리다'는 지성과 감성, 개인과 집단, 영혼과 육체같이 이질적이고 대립되는 요소들을 한데 섞어 융합시키는 행위에 비유되는 만큼, 잘 버무리지 못하면 김치 맛은 제대로 우러나지 못한다. 일상적인 우리의 식사법 중에서 버무리는 기술과 정신이 잘 나타난 것이 외국 사람들이 기묘하게 보는 비빔밥이다. 온갖 재료를 한데 넣고 버무리는 것인데, 참기름과 고추장 같은 것들이 이질적인 재료들을 하나로 융합시키는 매개 역할을 한다. 김치에서는 고추가 그런 매개자 역할을 한다.

'삭히다'라는 말은 시간 속에서 성숙해가면서 저절로 맛이 배어들게 하는 것이다. 화식 용어와 발효식 용어가 합쳐지는 교차점이기도 하다. 김치를 숙성시키는 것을 '익힌다'라고도 하기 때문이다. 그러나 불에서 익히는 것은 폭력적 방법에 의하여 자연을 바꿔놓는 것이지만, 김치 같은 발효 음식에서 익히는 것은 효모균을 이용한 상생의 방법에 의한 변용 變容이다. 그래서 김치는 '만든다'고 하지 않고 '담근다'라고 한다. 원래 담근다는 것은 무엇을 물에 넣거나, 혹은 기물 속에 집어넣는 것을 의미한다.

김치는 독이라는 기물에 저장된다. 처음에는 사람 손으로 김치를 만들지만 그것을 완성시키는 것은 사람의 힘이 아니다. 김치를 발효시키는 효모와 그 효모의 활동을 돕는 하늘과 땅의 힘이다. 사람은 담그는 역할만 하고 나머지는 김칫독을 품은 땅의 지열과 바깥에서 부는 바람(기후)에 맡겨진다. 겨우내 그 속에서 김치는 자연스럽게 맛이 들어간다.

김치는 단순히 김치기 아니디. 힌국 음식 맛의 특성은 한국인이 오랫동안 길러온 천지인天地人의 조화, 삼재三才 사상이 낳은 조화의 맛이다. 김치를 먹는다는 것은 빨갛고 파랗고 노란 바람개비 모양의 삼태극三太極을 먹는 것이며, 삼태극을 먹는다는 것은 우주를 먹는다는 뜻이다. 그래서 나는 우주가 되고 우주는 내가 된다.

think 열셋

선비 생각이 상商과 만나다

'정신 자본주의'를 다른 이름으로, 가장 한국적으로 부른다면 '선비 자본주의'로 부를 수 있다. 21세기는 '지식 상인의 시대'라고 한다. 선비의 사士가 상商을 지배하게 된 것이다. 원숭이와 고릴라의 DNA는 인간과 98.5%가 같다. 그러니까 생물학적으로 보면 인간과 원숭이의 차이는 1.5%밖에 되지 않는다는 이야기다. 인류의 원조라고 하는 네안데르탈인도 오늘의 인간인 호모사피엔스와 만 년 이상 공존해왔다. 그런데 빙하기가 지나면서 이들은 지구상에서 전멸하고 말았다. 원숭이나 네안데르탈인이 사람처럼 되지 못한 것은 멀리 걸어 다닐 수가 없었기 때문이다. 그에 비해서 호모사피엔스는 생활 환경이 100km 이상이나 된다. 즉, 멀리 떨어져 있는 데까지 가서 자료를 구해 오거나 물건을 교환할 수 있는 보행 능력과 정보의 힘을 지니고 있었다. 인간이 직립해야만 되었던 것도 멀리 이동하고 무거운 물건을 운반하려 했기 때문이다.

이러한 보행 능력과 정보의 힘을 가장 잘 이용한 것이 바로 상인이다.

우리의 옛날이야기에서 산골 깊숙이 밤길을 걷다가 여우에게 홀리는 사람들은 대개가 다 소금 장수다. 바다에서 그 첩첩산중까지 무거운 소금을 지고 산길을 뚫고 들어가는 모험 정신이야말로 보부상을 비롯한 모든 상인의 근본이라 할 수 있다.

상인이라는 말부터가 그렇다. 상商나라가 망하자 땅을 잃은 유맹流氓들은 사방에 흩어져 물건을 만들어 파는 생활을 했다. 그러다가 수레와 말을 이용하여 물건들을 먼 곳으로 운반해 팔아야만 이익을 얻을 수 있다는 것을 알게 된 것이다. 농사를 지을 때처럼 한곳에서 머물러 있지 않고 집시처럼 살아가는 대상들이 나타나 길을 통해 동서를 왕래했다. 그래서 사람들은 상나라 사람들이 생각해낸 직업이라고 하여 장사하는 사람을 상인商人이라고 부르게 되었다는 것이다.

지금도 물건 파는 것을 '상고商賈'라고 하는데 상商은 돌아다니며 하는 것을 의미하고, 고賈는 창고 같은 것에 상품을 쌓아놓고 한곳에서 장사를 하는 것을 가리킨다. 상업이라는 말은 있어도 고업이라는 말은 없는 것을 보면 상인 정신이란

think 열셋

역시 한곳에 얽매이지 않고 보행과 정보의 능력을 마음껏 발휘하는 데 있다고 할 것이다.

선비 생각이 상商과 만나다

인간의 모든 길은 상인들이 개척한 것

시대가 아무리 변화해도 상업의 비즈니스 마인드는 변하지 않는다. 옛날 사농공상士農工商의 사민 사회 시대에는 상이 그 최하위 계층으로 손꼽혔지만 그런 시대에도 인간 고유의 특성인 보행 능력과 정보의 힘을 지키고 발전시킨 것은 상인들이었다. 상인들의 보행과 정보의 힘을 구체적으로 가시화한 것이 바로 길의 문화다.

소금 장수의 길에서 실크로드에 이르기까지 인간의 모든 길은 상인들이 개척해간 것이다. 불교와 기독교가 발생하고 그것이 널리 전파된 것도 실은 상인들이 갈고닦아 놓은 그 길을 통해서 이루어진 것이다. 그것이 바로 룬비니에서 간디스 중류 지역까지 석가가 걸어간 500km의 길이요, 예수가 나자레에서 예루살렘까지 횡단한 150km의 길이다. 불도佛道와 기독교의 그 길은 속세의 상도商道를 타고 발생한 것이나 다름없다.

think 열셋

종교만이 아니다. 소설 속의 이야기에서도 미지의 땅을 발견하고 그곳에 새로운 길을 트이게 한 사람들은 예외 없이 장사하는 사람으로 되어 있다. 소설의 원조라고 말해지는 대니얼 디포Daniel Defoe의 『로빈슨 크루소』도 전형적인 영국 상인이 벌이는 무인도에서의 모험담이다. 소설가는 『완벽한 영국 상인Complete English Trademan』이라는 글에서 이렇게 말한다.

> 현대의 상인은 보편적인 학자다. 그는 라틴어나 그리스어 등의 보통 전문가보다도 높은 식견을 지니고 있다. 상인은 책 없이도 언어를 알고 지도의 도움 없이도 지리학을 안다. 그들의 교역 통로는 전 세계에 퍼지되 그들의 외국 거래와 수표 계약은 모든 나라의 말로 통한다. 그들은 자신의 사무실에 들어앉아 있어도 모든 국민과 어울려 이야기를 한다.

상업을 멸시한 동양의 소설에서도 새로운 세계를 여는 것은 상인이 그 주인공을 차지하고 있다. 청나라 때 문헌인 『경화록鏡花綠』은 『걸리버 여행기』처럼 해양 상인이 상선에 동승하여 대인국·무장국·무계국·소인국 등을 섭렵하여 결국엔

여인들만 사는 나라 여아국에 가서 여황제의 후궁 노릇을 하는 이야기다. 기존의 남녀 역할이 역전된 세계를 보여준 것으로 남존여비사상을 뒤엎는 근대 의식의 시작을 반영한 모험담이다.

think 열셋

사士는 0차 산업

소득 수준이 오르면서 노동력의 비중은 1차 산업에서 2차 산업, 그리고 3차 산업으로 옮겨간다. 1차 산업은 농업·임업·수산업 등 채취 산업이고 2차 산업은 제조업·건설업 등이고 3차 산업은 상업의 유통과 서비스업을 가리킨다.

17세기 때 영국의 경제학자 윌리엄 페티William Petty는 그 자신이 뱃사람·행상인·군의 등의 직업을 두루 전전한 사람인데 "농업보다는 제조업이, 제조업보다는 상업이 훨씬 이득이 있다"는 것을 밝혔다.

"잉글랜드의 농부는 일주일에 4실링(영국의 옛 화폐단위, 1파운드가 20실링)밖에 벌지 못하는데 바다를 항해하는 수부들은 12실링을 번다. 한 사람의 수부는 3인의 농부에 상당하다"는 것이다. 20세기에 들어와서 콜린 클라크Colin Grant Clark가 1·2·3차 산업을 구분 짓고 각국의 노동력 비중의 변화를 분석했다. 윌리엄 페티가 지적한 산업간의 소득격차가 원인으로 노동력의 이행이 이루어지는 현상을 체계적으로 증명한 것이다. 하지만 이것은 농·공·상만을 대상으로 한 것일 뿐 지식을 업으로 하는 사士는 제외되어 있다. 사가 하는 일, 언론이나 예술, 그리고 학자들이 종사하는 지식업은 어떤 산업에 속하는가. 결론적으로 말하자면 그것은 0차 산업이라고 할 수 있다. 그들이 생산하는 것은 꿈, 감동, 그리고 즐거움처럼 눈에 보이지 않는 산물들이라고 할 수 있다.

그러고 보면 그동안 한국 사회, 그리고 동양 사회를 지배해온 사농공상士農工商을 서구식 노동과 경제활동의 분류 코드로 분석하면, 사士는 0차 산업으로 지식knowledge, 농農은 1차 산업으로 지혜wisdom, 공工은 2차 산업으로 기술craft, 상商은 3차 산업으로 정보information의 영역으로 정리할 수 있다. 선비와 사士는 공자의 말대로 하나를 가르쳐주면 열을 아는 지식인으로 문자를 비롯한 각종 지식 미디어의 힘과 그것을 다루는 능력을 가지고 있다. 농민들은 『북학의』를 쓴 박제가 朴齊家의 말대로 기후와 계절 같은 하늘의 힘과 논밭 같은 땅의 힘, 그리고 그곳에 씨를 뿌리고 곡식을 가꾸는 사람의 힘인 천지인天地人 삼재三才의 슬기를 가지고 있다. 그것을 모르면 농사를 지을 수 없다.

한편 공工은 말할 것 없이 손재주를 비롯하여 물건을 만들고 발명하는 능력인 기술에서 나온다. 산업 사회의 기계와 공장을 움직이는 능력인 것이다. 그런데 상업은 앞서 말한 대로 길이라는 교통의 네트워크를 정보망 삼아 일찍부터 코스모폴리탄처럼 국경 없는 무한 공간을 왕래했다. 그러니 상은 정보를 토대로 이루어진다.

제3의 물결에서 익히 들어왔던 대로 인류 문명의 첫 번째 물결은 농업을 중심으로 한 농경 문명, 두 번째 물결은 공업을 중심으로 한 산업 문명이라는 것을 알 수 있다. 그런데 이상하게도 세 번째 물결은 그냥 정보 문명이라고 알고 있는 경우가 많다.

그러나 앞에서 본 것처럼 정보는 네안데르탈인이나 침팬지와 다른 인간의 보행 능력에서 비롯되는 것으로 단연코 상업에 속하는 능력이다. 사·농·공·상 가운데 역사적으로 그 보행 능력과 정보 능력을 극대화한 것은 상인들에 의한 것이라고 단정해도 좋다.

그렇다면 세 번째 물결인 오늘날의 디지털 혁명과 그 정보 문명의 블랙홀에는 두말할 것 없이 상商이 있게 된다. 그것이 지금 우리 눈앞에 엄청난 폭발력으로 다가선 글로벌 네트워크 시대의 세계 시장이다.

20세기만 해도 상업은 공업에 의존하여 발전해왔지만 21세기의 상업은 공업만이 아니라 0차 산업인 지식, 즉 사士와 손을 잡는 지식 정보의 독특한 산업으로 변화하게 된다.

되도록 멀리 세계의 끝을 향해 나가려던 인간의 꿈, 상인의 그 꿈은 단순한 보행 능력이 아니라 인터넷이나 뉴미디어 같은 디지털 네트워크에 의해서 세계를 하나의 시장으로 만들어낸 것이다. 디지털 시대의 지식정보 사회, 그리고 모든 경계가 무너지는 '무경계borderless'의 세계를 이끌어가는 상업은 단순한 정보만이 아니라 고도의 지식을 갖지 않고서는 시대의 환경에 대응할 수 없게 되었기 때문이다.

그러므로 지금의 지식정보 시대를 다른 말로 옮기면 지금까지 가장 사이가 멀었던 사와 상이 처음으로 손을 잡은 '사士·상商 시대'라고 말할 수 있을 것이다. 산업혁명은 공과 상이 손을 잡아 성공을 거두었다면 정보 혁명의 시대는 사와 상,

think 열셋

즉 지식과 정보가 하나가 되어 만들어내는 비즈니스 모델에 의하여 전개된다는 점이다.

선비 생각이 상商과 만나다

지식과 상업의 결합

상업과 서비스업은 더 이상 전통적인 3차 산업으로 분류되는 것이 아니라 0차 산업인 지식 문화와 어울리는 통합적인 산업으로 변하고 있다. 그러니까 1차·2차·3차의 직선으로 전개해오던 산업은 더 이상 선이 아니라 상호 순환하는 원형 형태로 바뀌게 된다.

지금까지 세계가 지향해온 부국강병富國强兵의 원리는 군사력과 경제력이었다. 지식은 오직 부국과 강병의 수단으로 사용되었을 뿐 지식 자체를 목적으로 한 것은 아니었다.

그러나 오늘날의 지식은 앨빈 토플러Alvin Toffler의 지적대로 경제력이나 군사력의 부수적 요소에서 그 자체의 본질로 변했으며 독자적인 지식의 지배라는 새로운 힘을 형성하기에 이른다. 이제는 경제계에서도 문화 자원, 문화 자본(사회 자본) 같은 말을 사용하고 있다. 오늘날 기업의 경쟁력과 생산력은 토지나 공장이나 설비 같은 하드의 자원보다 지적 능력이나 서비스 능력에 있다고 말한다.

한마디로 기계를 움직이는 기술보다 그 기계를 어디에 무엇을 위해 어떻게 사용하여야 하는가 하는 문제, 그리고 사람의 마음을 움직이는 문화에 더 많은 힘이 실려 있다.

지식, 정신, 문화, 그리고 선비士. 이 모든 것이 한국 경제 속에 어우러져 새로운 형태의 자본주의인 '선비 자본주의', 나아가 '사士·상商 자본주의'로 거듭 태어날 때, 한국 자본주의의 미래는 다시금 희망찬 항해를 계속할 것이며, 우리는 그것을 만들어낼 힘과 지혜를 우리의 머리와 가슴속에 이미 가지고 있다는 것을 믿어 의심치 않는다. '사·상 자본주의'에 걸맞은 정신은 우리 안에 이미 내재되어 있다.

기러기들처럼 날고 싶습니다.
온 국민이 그렇게 날았으면 싶습니다.
소리 내어 서로 격려하고
대열을 이끌어가는 저 신비하고 오묘한 기러기처럼
날고 싶습니다.

은빛 날개를 펴고
눈부신 하늘로 날아오르는 경쾌한 비상의 시작,
이 절망의 벼랑 끝에서 모든 사람이 함께 살아갈
날개 하나씩을 달아주소서.

다시 한번 날게 하소서

2022. 3. 2. 초 판 1쇄 인쇄
2022. 3. 18. 초 판 1쇄 발행

지은이 | 이어령
펴낸이 | 이종춘
펴낸곳 | BM (주)도서출판 **성안당**

주소 | 04032 서울시 마포구 양화로 127 첨단빌딩 3층(출판기획 R&D 센터)
      10881 경기도 파주시 문발로 112 파주 출판 문화도시(제작 및 물류)
전화 | 02) 3142-0036
      031) 950-6300
팩스 | 031) 955-0510
등록 | 1973. 2. 1. 제406-2005-000046호
출판사 홈페이지 | www.cyber.co.kr
ISBN | 978-89-315-5841-8 (03810)
정가 | **14,800원**

이 책을 만든 사람들
책임 | 최옥현
기획·진행 | 백영희
교정·교열 | 허지혜
디자인 | 이승욱 지노디자인
홍보 | 김계향, 이보람, 유미나, 서세원
국제부 | 이선민, 조혜란, 권수경
마케팅 | 구본철, 차정욱, 나진호, 이동후, 강호묵
마케팅 지원 | 장상범, 박지연
제작 | 김유석

성안당 Web 사이트

이 책의 어느 부분도 저작권자나 BM (주)도서출판 **성안당** 발행인의 승인 문서 없이 일부 또는 전부를 사진 복사나 디스크 복사 및 기타 정보 재생 시스템을 비롯하여 현재 알려지거나 향후 발명될 어떤 전기적, 기계적 또는 다른 수단을 통해 복사하거나 재생하거나 이용할 수 없음.

■ 도서 A/S 안내

성안당에서 발행하는 모든 도서는 저자와 출판사, 그리고 독자가 함께 만들어 나갑니다. 좋은 책을 펴내기 위해 많은 노력을 기울이고 있습니다. 혹시라도 내용상의 오류나 오탈자 등이 발견되면 "좋은 책은 나라의 보배"로서 우리 모두가 함께 만들어 간다는 마음으로 연락주시기 바랍니다. 수정 보완하여 더 나은 책이 되도록 최선을 다하겠습니다.
성안당은 늘 독자 여러분들의 소중한 의견을 기다리고 있습니다. 좋은 의견을 보내주시는 분께는 성안당 쇼핑몰의 포인트(3,000포인트)를 적립해 드립니다.
잘못 만들어진 책이나 부록 등이 파손된 경우에는 교환해 드립니다.